ちゃんと知りたい

歴史に輝く女性たち

編著 榎本秋

著 榎本事務所

清水書院

もくじ

日本（古代～戦国）編

世界編

世界編

日本（幕末～近代）編

本書を読む前に

歴史上の女性たちを日本と海外にわけ、時代順に並べました。日本人女性は特に活躍した時代を、海外の女性たちは出身国ではなく活躍した国を表記しました。

本書で取り上げたエピソードや生没年には諸説あるものも多くあることをお断りしておきます。またイラストの衣装などは華やかさを優先したため、多少のフィクションが含まれますことをお許しください。

【注意事項】

・年代は西暦で表記しています。

・明治5（1872）年12月に日本では太陽暦（西暦）が採用されます。太陽暦となる前の日本の月日は旧暦、それ以後は西暦の月日を用いています。また、この改暦よりも前に生まれた日本人の年齢は「数え年」で表しています。

・人名や地名、国名の表記は教科書などを参考にしています。必ずしもその当時の呼称ではありません。

日本（古代～戦国）編

厳しい時代の中で、強く
生きた女性たちの波乱な
人生を知ろう。

弥生

卑弥呼

（ひみこ）

生没年　不詳▼247年ごろ

人物紹介

弥生時代に活躍《かつやく》した邪馬台国の女王。それまで男の王で荒《あ》れていた国を鬼道《きどう》（呪術《じゅじゅつ》）によって平和に導《みちび》いた。中国の書物にのみ記録が存在し、多くは謎に包まれている。

謎《なぞ》めいた邪馬台国《やまたいこく》の女王

おい立ち

146 ～ 189 年

このころ日本（倭国《わこく》）が乱れ、卑弥呼が邪馬台国の女王になる。

239 年

中国（当時は魏《ぎ》）に使者を送り、贈《おく》りものをする。かわりに日本の王であることを示す「親魏倭王《しんぎわおう》」の称号《しょうごう》と銅鏡 100 枚などを与《あた》えられる。

240 年

魏の使者が邪馬台国を訪れる。

247 年

かねてから対立していた狗奴《くな》国の男王と戦になり、魏へ使いを出す。

247 ～ 248 年ごろ

死去。

おすすめの関連作品！

マンガ **『火の鳥　黎明《れいめい》編』**

手塚治虫 作

火の鳥（不死鳥《ふしちょう》）を物語の中心にした作品。黎明編のほか、エジプト編、ギリシャ編など、舞台は日本にとどまらない。卑弥呼が登場する黎明編は第 1 巻からなので入りやすい。テレビアニメ化もされている。

ここがポイント！用語解説

『三国志《さんごくし》』

中国が魏《ぎ》・呉《ご》・蜀《しょく》という 3 つの国からなっていた時代の歴史書。次の時代にまとめられて『三国志』となった。これをもとに書かれた小説『三国志演義』も有名。

エピソード

邪馬台国の女王

当時「日本」という国号はまだ使われておらず「倭国」と呼ばれ、多数の集落（国）が存在した。邪馬台国もその 1 つで、約 30 か国を統率する首都国だった。

もともとは男の王が支配していた

邪馬台国は本来男性が王だったが、この男王の死後、国は荒れてしまった。その後、卑弥呼が女王になると国はようやく安定した。

邪馬台国はどこか？

邪馬台国のことは国内の記録にはなく、実は名前も「邪馬台国」でないという説がある。場所も確実にはわかっていない。長年研究が続けられており、近畿説や九州説などがある。

謎めいた巫女《みこ》

卑弥呼は「鬼道」（呪術）によって国を治めたシャーマン的な人物だった。夫は持たず、弟が補佐《ほさ》をした。1000 人の女性が仕え、男性が 1 人だけ食事や女王の言葉を取り次ぐために出入りしていた。女王になってから会った人間はほとんどおらず、神秘《しんぴ》的な存在だった。

卑弥呼の死後、国が荒れた

卑弥呼の死後、男の王が立った。しかし国中で争いが起こり、1000 人以上が命を落とした。のちに 13 歳の壱与《いよ》が女王となり、平和を取り戻《もど》した。

飛鳥

推古天皇（すいこてんのう）

生没年　554年▼628年

聖徳《しょうとく》太子《たいし》とともに国を治めた日本初の女帝《じょてい》

人物紹介

皇后《こうごう》になり、未亡人《みぼうじん》となったあと臣下の要請《ようせい》で女帝となった。甥《おい》の聖徳太子を摂政《せっしょう》（幼《よう》帝《てい》・女帝に代わって政務をする人）に立て、天皇中心の国家体制を整えた。

おい立ち

554年

欽明《きんめい》天皇の第2皇女《おうじょ》として生まれる。名は額田部皇女《ぬかたべのひめみこ》。もう1つの名を豊御食炊屋姫《とよみけかしきやひめ》という。

575年

敏達《びたつ》天皇の皇后になる。

585年

敏達天皇が死去。推古天皇の兄である用明《ようめい》天皇が即位《そくい》する。

587年

用明天皇が死去し、崇峻《すしゅん》天皇が即位。

592年

崇峻天皇が暗殺され、推古天皇が即位。聖徳太子を摂政とする。

607年

小野妹子《おののいもこ》を中国（当時は隋《ずい》）に派遣《はけん》する。

628年

病にかかって死去。

おすすめの関連作品！

マンガ **『日出処《ひいづるところ》の天子《てんし》 完全版』**

山岸涼子 作／ KADOKAWA

聖徳太子の少年時代から摂政になるまでを描《えが》いた作品。設定などフィクションの要素も強い。

おさえておきたい！関連人物

聖徳太子《しょうとくたいし》（574年～622年）

父は用明天皇。推古天皇の時代、摂政として推古天皇の代わりに政治を行った。

エピソード

美貌《びぼう》の皇女

『日本書紀《にほんしょき》』には「容姿も輝《かがや》くように美しく、振《ふ》る舞《ま》いも大人びてしっかりしている」と述べられており魅力的《みりょくてき》な女性だった。夫の死後、推古天皇に別の皇子《おうじ》が迫《せま》った。家臣がそれを防いだが、彼は逆恨《さかうら》みした皇子に殺されてしまった。

シャーマンだった？

天皇は神をまつる祭司者であり、臣下たちが即位を求めたのは推古天皇がシャーマン的な素質を持っていたためではないかといわれている。名前の「豊御食《とよみけ》」とは神に捧《ささ》げる聖なる食事であり、それを炊《た》くのは神聖性を備えた人の役割だった。

3度目の要請で天皇に

推古天皇は臣下たちからの即位の要請を2度断ったが、3度目で受け入れた。治世では遣隋使《けんずいし》の派遣《はけん》や農業用の池の建設などが行われた。仏教を盛んにしたのもこの時代である。摂政の聖徳太子の功績とされているが、推古天皇の意向や信仰《しんこう》もあったはずである。

わが子の墓に

推古天皇は生前、先に死んでしまったわが子・竹田《たけだ》皇子の墓に葬《ほうむ》ってほしいと希望していた。推古天皇はその理由を「飢《き》饉《きん》で民が困窮《こんきゅう》しているから倹約《けんやく》のため」としているが、母の愛情からだろうといわれている。推古天皇は遺言《ゆいごん》通り、皇子の墓に合葬《がっそう》された。

飛鳥

持統天皇

（じとうてんのう）

生没年　645年▼702年

父の聡明《そうめい》さを受け継《つ》ぎ、夫の遺志《いし》を継いだ女帝《じょてい》

人物紹介

天智《てんじ》天皇の娘で天武《てんむ》天皇の皇《こう》后《ごう》であった。夫の事業を引き継ぎ、孫に皇位を譲《ゆず》ってサポートした。歌人としても有名で、『万葉集《まんようしゅう》』や『小倉百人一首《おぐらひゃくにんいっしゅ》』にも歌が選ばれている。

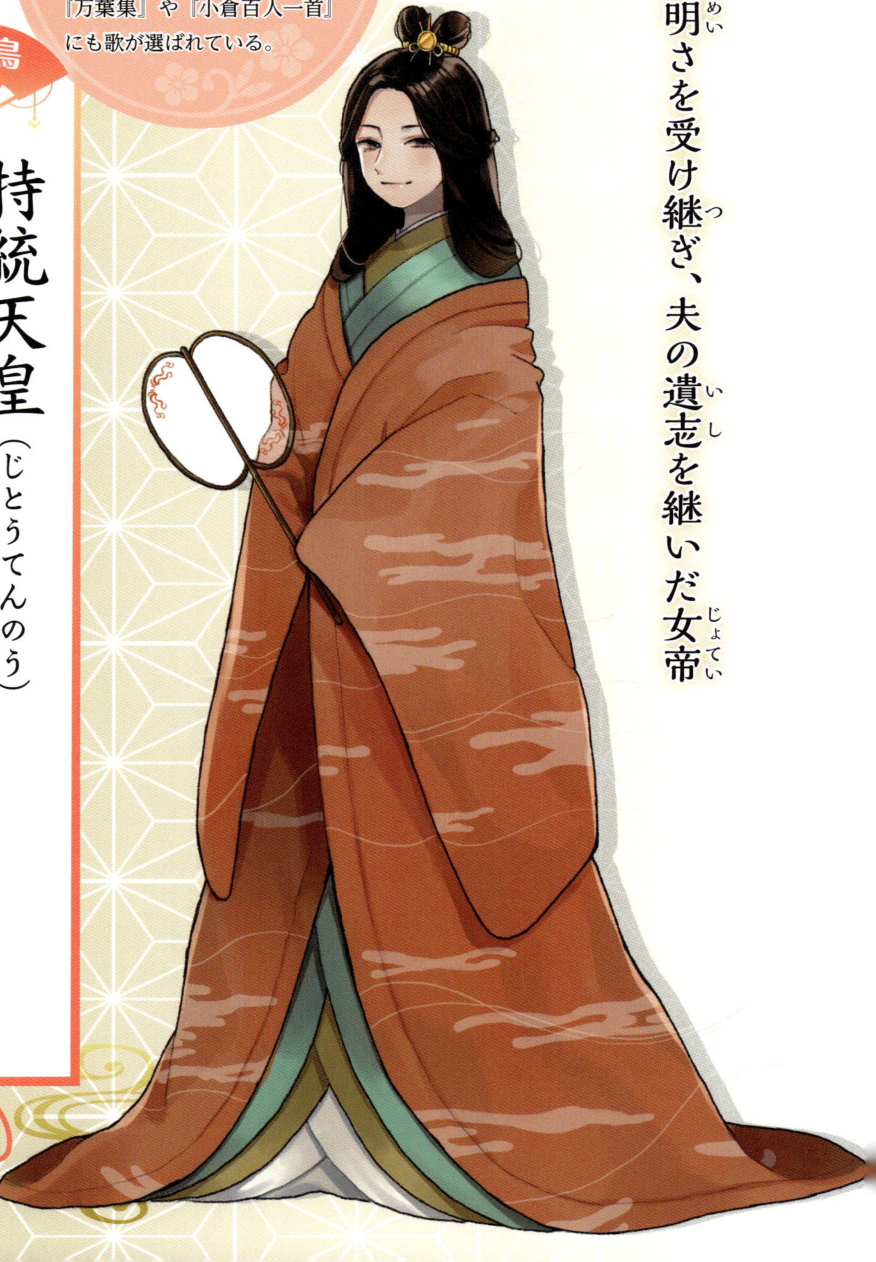

おい立ち

645 年

中大兄皇子《なかのおおえのおうじ》（のちの天智天皇）の第2皇女として誕生。名は鸕野讃良皇《うののさららのひめ》女《みこ》。

657 年

大海人皇子《おおあまのおうじ》（のちの天武天皇）のきさきになる。

662 年

草壁《くさかべ》皇子を出産。

671 年

天智天皇が死去。

673 年

天武天皇が即位《そくい》。皇后となる。

686 年

天武天皇が死去。

689 年

息子の草壁皇子が死去。翌年、持統天皇が即位。

694 年

藤原京《ふじわらきょう》へ都を移す。

697 年

孫の文武《もんむ》天皇に位を譲る。

702 年

死去。

ここがポイント！ **用語解説**

壬申《じんしん》の乱

天智天皇の死後、672 年に皇位継承をめぐって天智天皇の子と弟（大海人皇子）が争った大きな内乱。近畿地方だけでなく、美濃《みの》（現在の岐阜県）や尾張《おわり》（現在の愛知県）なども巻き込んだ。勝利した弟が即位して天武天皇となった。

エピソード

「大化《たいか》の改新《かいしん》」の年に誕生

中大兄皇子を中心に中臣鎌足《なかとみのかまたり》（藤原鎌《ふじわらのかま》足《たり》）ら豪族《ごうぞく》がライバルの蘇我《そが》氏を滅《ほろ》ぼして開始した大改革を「大化の改新」という。持統天皇が生まれたのは、その改革が始まった年だった。

天武天皇との政略結婚《せいりゃくけっこん》

父・中大兄皇子の弟、つまり叔父《おじ》である大海人皇子（のちの天武天皇）と 13 歳で結婚。ほかの姉妹も嫁《とつ》いでいることから、中大兄・大海人兄弟のつながりを強くするための政略結婚だった。

夫の死後、天皇に

夫の天武天皇が亡くなったとき、持統天皇との息子である草壁皇子が即位するかと思われたが、即位することなく急に亡くなってしまう。草壁皇子には軽《かる》皇子（のちの文武天皇。持統天皇にとっては孫）という息子がいたが、わずか 7 歳だった。皇位継承《こういけいしょう》争いを避《さ》けるため、持統天皇が即位した。晩年は軽皇子に位を譲り、孫の地位を守ることに尽《つ》くした。

夫の遺志を継ぐ

天武天皇が計画していた事業を引き継ぎ、都を藤原京へ移した。ほかにも薬師寺《やくしじ》造営や歴史書の編集などを行った。

夫とともに眠《ねむ》る

死後、持統天皇本人の希望で夫・天武天皇の墓に合葬《がっそう》された。

飛鳥〜奈良

元明天皇

（げんめいてんのう）

生没年　661年▼721年

苦難を乗り越《こ》え平城京《へいじょうきょう》へ都を移した女帝《じょてい》

人物紹介

藤原京《ふじわらきょう》から平城京へ都を移した。息子である文武《もんむ》天皇のあとを継《つ》ぎ、娘の元正《げんしょう》天皇に位を譲《ゆず》ったという異例の経歴の持ち主。初めて皇后にならず即位した女帝でもある。

おい立ち

661 年

天智《てんじ》天皇の第 4 皇女として誕生。名は阿閇皇女《あべのひめみこ》。

680 年

夫・草壁《くさかべ》皇子との間にのちの元正《げんしょう》天皇を出産。

681 年

草壁皇子が皇太子となる。

683 年

軽《かる》皇子（のちの文武《もんむ》天皇）を出産する。

689 年

草壁皇子が死去。翌年、持統《じとう》天皇が即位。

697 年

文武天皇が即位。

707 年

文武天皇が死去。元明天皇が即位。

710 年

文武天皇の事業を引き継ぎ、平城京へ都を移す。

715 年

娘の元正天皇に位を譲る。

721 年

死去。

ここがポイント！ 用語解説

『古事記《こじき》』と『日本書紀《にほんしょき》』

どちらも日本の建国にまつわる内容。古事記は元明天皇、日本書紀は元正天皇のころにつくられた。古事記は神話や伝説も多く、日本書紀は歴史書としての側面が強い。ともに文学作品としての評価も高い。

エピソード

持統天皇との関係

姉の持統天皇とは母同士が姉妹のためいとこでもあり、さらに夫・草壁皇子の母親であるため嫁《よめ》姑《しゅうとめ》の関係でもあった。

息子のあとを継いで天皇に

息子の文武天皇が 25 歳の若さで病死する。文武は生前から母へ位を譲ることを伝えていた。文武の死後、47 歳で元明天皇が即位した。即位したさい、元明天皇は即位のいきさつと、自分が中継ぎの天皇であることを述べた。息子から母への皇位《こうい》継承《けいしょう》はきわめて異例のことだったため、自分が正統な天皇であることをイメージづけたのである。

和同開珎《わどうかいちん》の発行

武蔵《むさし》国秩父《ちちぶ》郡（現在の埼玉県秩父市）から和銅《わどう》（精錬《せいれん》を必要としない銅）が献上《けんじょう》された。この銅の発見がめでたいとして年号が「和銅」に改められ、銀銭《ぎんせん》と銅銭《どうせん》が発行された。和同開珎と呼ばれる銭貨《せんか》である。この銭貨の流通は、のちの平城京遷都《せんと》の経費を捻出《ねんしゅつ》するためであった。

平城京遷都

藤原京に都を移してからわずか 16 年後、平城京にまたも都が移された。中国（当時は唐《とう》）の都《みやこ》・長安《ちょうあん》によく似せて造られた。都建造の労役から逃亡《とうぼう》する者も多く、元明天皇は 3 人の将軍を任命して対処させた。完成した都には国内だけでなく海外からも多くの人々が訪《おとず》れた。

夫と娘、二人の天皇を支えた皇后《こうごう》

奈良

光明皇后

（こうみょうこうごう）

生没年　701年▼760年

人物紹介

聖《しょう》武《む》天皇の皇后。孝謙《こうけん》（称《しょう》徳《とく》）天皇の母。通称光明子《こうみょうし》。皇族でない女性が皇后になったことは当時としては異例であった。仏教を信仰《しんこう》し、治《ち》療院《りょういん》の設立などを行った。

おい立ち

701年

誕生。父は藤原《ふじわらの》不比等《ふひと》。聖武天皇もこの年誕生。

716年

皇太子(のちの聖武天皇)に嫁《とつ》ぐ。

718年

阿倍内親王《あべのないしんのう》(のちの孝謙天皇)を出産。

724年

聖武天皇が即位《そくい》。

727年

皇子を出産するも、翌年に亡くす。

729年

皇后となる。

749年

聖武天皇が病のため、娘の孝謙天皇に位を譲《ゆず》る。

752年

聖武・孝謙天皇とともに東大寺大仏開眼会《かいげんえ》に参列。

756年

聖武太上《だいじょう》天皇が死去。

(太上天皇…位を退いた天皇)

760年

死去。

ここがポイント! **用語解説**

天平《てんぴょう》文化

天平年間(729年～749年)に平城京を中心に栄えた華やかな貴族・仏教文化。中国(唐)の文化の影響《えいきょう》が大きいが、インドやペルシアなどの影響もある。また民衆の文化も取り入れられた。

エピソード

夫の聖武天皇とは幼なじみ

聖武の母・宮子は病気で、聖武天皇は祖父・不比等の屋敷《やしき》で育てられた。幼い光明皇后も同じ屋敷でともに育った。

皇太子を亡くす

27歳で待望の皇子を出産。皇子は生後33日目という異例の速さで皇太子に立てられた。しかし皇太子は1歳の誕生日を待たずして亡くなる。光明皇后はわが子の供養のために写経《しゃきょう》を行った。

皇后へ

聖武天皇の即位後足かけ6年を経て、光明子が皇后に立てられる。皇后は内親王でなければならないという当時の原則を覆《くつがえ》したものだった。皇后に立てられた理由として皇太子の生母であったことなどが挙げられている。

東大寺の大仏造立《ぞうりゅう》

仏教を厚《あつ》く信仰していた光明皇后は、夫の聖武天皇とともに数々のお堂や仏像を作らせた。その1つが有名な東大寺の大仏である。最初に大仏造立をすすめたのは光明皇后であった。2人は自ら土を運び、大仏の台座を築き固めた。

施薬院《せやくいん》・悲田院《ひでんいん》

人々を薬で治療《ちりょう》する施薬院と困窮《こんきゅう》する人々を救う悲田院を設立した。朝廷にはすでに医療機関が存在したが、それとは別に新たに設立したものであった。

女性でありながら皇太子となり、二度即位《そくい》した女帝《じょてい》

奈良

孝謙天皇／称徳天皇

（こうけんてんのう）（しょうとくてんのう）

生没年　718年▼770年

人物紹介

皇太子となった唯一《ゆいいつ》の女性。周囲には「中継《つ》ぎ」としての役割を求められたが、自身の認識とのズレによって立場を危うくさせた。生涯《しょうがい》独身で子も持たなかった。

おい立ち

718年

誕生。父は聖武《しょうむ》天皇で母は光明皇《こうみょうこう》后《ごう》。名は阿倍内親王《あべのないしんのう》。

727年

弟が誕生。この弟が皇太子となるが、翌年に死去。

738年

21歳で異例の女性皇太子となる。

749年

聖武天皇が病のため、孝謙天皇に位を譲《ゆず》る。

752年

東大寺大仏開眼会《かいげんえ》が行われる。両親とともに出席。

757年

橘《たちばなの》奈良麻呂《ならまろ》の変が起こる。

758年

孝謙天皇が淳仁《じゅんにん》天皇に位を譲る。

762年

淳仁天皇と対立し、出家《しゅっけ》する。

764年

藤原仲麻呂《ふじわらのなかまろ》の乱。淳仁天皇を廃位《はいい》し、称徳天皇として再び即位。

770年

死去。

ここがポイント！ 用語解説

東大寺の大仏

奈良の大仏として知られる。聖武天皇の願いでつくられ、孝謙天皇の時代に完成した。過去に2度ほど焼失したが、そのたびに時の権力者によって復活している。国宝。台座など一部に当初のものが残っている。

エピソード

異例ばかりの女帝

阿倍内親王は皇太子に立てられた唯一の女性である。しかも即位後、一度は位を譲りながら再び即位した。また皇太子時代に臣下の前で舞《ま》っているが、皇太子自ら舞《まい》を披露《ひろう》するということも異例のことだった。

周囲の認識とのズレ

この時代、女帝は男の天皇が即位するまでの「中継ぎ」の役割を持っていた。孝謙天皇にも周囲は中継ぎを期待したが、孝謙天皇は皇太子となって即位したので男の天皇と変わりないという自信を持っていた。これが臣下のクーデター（橘奈良麻呂の変）を引き起こすことになった。

不本意な譲位

橘奈良麻呂の変の翌年、孝謙天皇は淳仁天皇に位を譲っている。その理由として「長年在位したが重荷になってきた」と述べているが、家臣の思惑《おもわく》であったとする見方が一般的である。

藤原仲麻呂の乱

孝謙太上天皇は母の死後、長らく補佐《ほさ》してきた藤原仲麻呂や淳仁天皇との仲を悪化させる。ついに仲麻呂は淳仁天皇の兄たちと、孝謙太上天皇への謀反《むほん》を企《くわだ》てた。孝謙太上天皇は速《すみ》やかに対処し、仲麻呂の首をはね、淳仁天皇を廃《はい》して淡路島《あわじしま》に流した。そして再び即位し、称徳天皇となった。

平安

小野小町

（おののこまち）

生没年　不詳

絶世の美女といわれた六歌仙《ろっかせん》の紅《こう》一点

人物紹介

平安時代の歌人。六歌仙（『古今和歌集《こきんわかしゅう》』の序文に紹《しょう》介《かい》された６人の代表的な歌人）に唯一《ゆいいつ》選ばれた女性。恋多き女性だったが、晩年は寂《さび》しく過ごしたという。

おい立ち

残された歌以外、小町の伝記についての確実なことはわからない。

ただし、勅撰《ちょくせん》和歌集（天皇の命令でつくられた和歌集）である『古今和歌集』に小町の歌が収録されていることから、実在はしたようである。

また、小町の父が平安時代の歌人・小野篁《たかむら》の一族であることはほぼ確かである。

おすすめの関連作品！

マンガ『超訳百人一首 うた恋い。』

杉田圭 作／KADOKAWA

百人一首の恋歌などを題材にした短編漫画集。平安時代の歌の世界を、現代の言葉を交えて親しみやすく描いている。2012年にアニメ化もされた。

ここがポイント！用語解説

『古今和歌集』

905年に成立した最初の勅撰和歌集である。歌人の紀貫之《きのつらゆき》らが選んだ。「古」とは万葉集《まんようしゅう》よりあとのことをさし、昔と今（当時）の和歌を集めたという意味である。

『小倉百人一首』

歌人として有名な藤原定家《ふじわらのていか》が京都小倉山《おぐらやま》の山荘《さんそう》で選んだといわれる100首の歌。100人の和歌を1首ずつ選んだもので、女流歌人も多い。江戸時代以降かるたとしても広まった。

エピソード

仁明《にんみょう》天皇の更衣《こうい》だった？

小町が仁明天皇の更衣（女御《にょうご》に次ぐきさきの位）だったという説もある。少なくとも当時から歌人として有名だった小町が仁明天皇の華《はな》やかな宮廷《きゅうてい》文化にかかわっていたことは間違《まちが》いないようである。

恋多き女性

複数の男性と贈答《ぞうとう》し合った恋歌《れんか》が残されており、小町は恋多き女性であった。当時、恋の和歌を贈《おく》り合うのは恋愛において重要なプロセスだった。優《すぐ》れた歌を詠《よ》むということは、大事なモテ要素だったのだ。

在原業平《ありわらのなりひら》と恋人だった？

小町と同じく六歌仙に数えられている歌人・在原業平と恋人関係だったとする説があるが、確かなことはわからない。業平が主人公といわれる『伊勢《いせ》物語』（男女の恋を中心に風流な生活を和歌とともに描いた歌物語）の中で小町だといわれている女性が登場するが、こちらも小町である根拠《こんきょ》はない。

小町を題材にした作品

小町の伝説は全国各地に残る。また能《のう》や歌舞伎《かぶき》など、様々な作品にも取り上げられている。美しかった容姿が老いてすっかり衰《おとろ》えた、物乞《ものご》いをしていた、最期《さいご》は京都を出て東北地方で没《ぼっ》したなど晩年の説話があり、御伽草子《おとぎぞうし》の『小町草紙』などにみられるエピソードである。

夫との愛憎《あいぞう》の日々を描《えが》いた『蜻蛉《かげろう》日記』の作者

藤原道綱母

（ふじわらのみちつなのはは）

平安

生没年　936年ごろ▼995年

人物紹介

歌人。藤原兼家《ふじわらのかねいえ》の妻となり息子・道綱《みちつな》をもうけた。『蜻蛉日記』に結婚《けっこん》生活や、兼家のほかの妻への嫉妬《しっと》などをリアルに描き、その後の女流日記に影響《えいきょう》を与《あた》えた。

おい立ち

936年ごろ

このころ誕生したといわれる。本名は不明。

954年

藤原兼家と結婚。翌年出産する。

964年

母が死去。

967年

兼家の屋敷《やしき》の近くに引っ越《こ》す。

969年

出家《しゅっけ》した愛宮《あいのみや》（兼家の姉妹）へ長歌を贈《おく》る。

970年

道綱が宮中での賭弓《のりゆみ》に出場。この年、道綱が元服《げんぷく》。

972年

養女を迎《むか》える。

995年

死去。

ここがポイント！ **用語解説**

平安時代の結婚

貴族女性は外へ出かけることはほとんどなく、男性は噂《うわさ》などを頼《たよ》りに女性に和歌を贈って求愛した。和歌や手紙は何度もやりとりしているのに、結婚して初めて顔を知る、なんてこともよくあった。また通《かよ》い婚《こん》が一般的であった。同居せず、男性が女性の元を訪ねていって一緒に過ごすのである。一夫多妻《いっぷたさい》のため毎日同じ妻の元へ通うわけではなく、女性は夫が通ってこない日は嫉妬や不安を覚えることも多かった。

エピソード

『蜻蛉日記』

道綱母の夫・兼家は、のちに藤原氏の栄華をきわめた藤原道長の父である。兼家との愛憎やほかの妻への嫉妬などを生々しく描いたとされるが、兼家との幸せな結婚生活のエピソードもある。タイトルの由来は「あるかなきかの心地するかげろふの日記といふべし」という言葉があり、「かげろうのようにはかない身の上の日記」という意味である。兼家の１番目の妻・時姫《ときひめ》とのやりとりも描かれている。

小姑《こじゅうと》を慰《なぐさ》める

兼家の姉妹・愛宮が出家した際に長歌を贈ったが、そのとき愛宮の兄・藤原高光《たかみつ》からであると装《よそお》った。高光も数年前に出家しており、愛宮を慰める人としてちょうどよかったためである。

「道綱母」として

宮中での賭弓に出場した道綱は活躍《かつやく》し、兼家に賞賛されている。天皇の衣を賜《たまわ》ったほどで、道綱母はこれをとても喜んだ。息子の活躍によって「道綱母」として社会的な位置づけを得たのである。

「兼家の妻」になりたい

道綱母は兼家の新しい屋敷に迎えられず、妻としてないがしろにされたのではと不安な日々を送っていた。息子の活躍で「道綱母」としての立場は確立したものの、やはり「兼家の妻」としての立場を世間に認められたかったのである。

平安

清少納言（せいしょうなごん）

生没年　966年ごろ▼1025年ごろ

人物紹介

天皇のきさきに仕えた女性。日常生活や季節の風情《ふぜい》をまとめた随筆集『枕草子』の作者。『枕草子』は「をかし（「趣《おもむき》がある」という意味の古語）」の文学と呼ばれる。

『源氏物語』と並ぶ平安文学『枕草子《まくらのそうし》』の作者

おい立ち

966 年ごろ

このころ誕生か。父は歌人の家柄《いえがら》出身の清原元輔《きよはらのもとすけ》。

981 年ごろ

貴族男性と結婚《けっこん》する。

982 年ごろ

男児を出産。

993 年ごろ

中宮《ちゅうぐう》（天皇のきさきで最も位が高い女性）定子《ていし》に仕え始める。

996 年ごろ

里帰りして、翌年再び中宮定子に仕え始めたとみられる。

1000 年

中宮定子が死去。

1001 年

宮廷《きゅうてい》を去ったか。『枕草子』はほぼ完成していたといわれる。

1025 年ごろ

死去。

おすすめの関連作品！

現代語訳 **『桃尻語《ももじりご》訳 枕草子』**

橋本治 作／河出書房新社

本書は『枕草子』の現代語訳。四季折々の自然の様子から、宮中生活、日常生活など様々な内容が、女子高生のおしゃべりのようなポップな文体で書かれている。古典文学と聞くとハードルが高いかもしれないが、本書はそれを感じさせない。スラスラ読み進められるため、入門書としてもおすすめだ。文庫版で全 3 巻。

エピソード

「清少納言」は女房《にょうぼう》名

清少納言は宮廷に仕えるにあたって主人から与《あた》えられた呼び名（女房名という）。当時の女性は男性と違《ちが》って本名が記録されないことがほとんどで、清少納言の本名も不明。「清」は清原氏から。「少納言」は身内の誰《だれ》かに少納言《しょうなごん》の役職の者がいたと考えられるが、不明。

不美人だった？

藤原定家《ふじわらのていか》が『百人一首《ひゃくにんいっしゅ》』の肖像《しょうぞう》を描《えが》かせるさい、清少納言については正面からではなく後姿を描かせたという伝説がある。『枕草子』のなかでも自らの容姿に自信がないような言い回しがある。才女であったことは間違《まちが》いないが、美人とは言いがたかったのだろうか。

離婚《りこん》して宮仕えへ

16 歳ごろに結婚し、中宮定子に仕え始めるまで続いた。少なくとも 2 人の男の子を出産したようである。しかし主婦として家にいる生活を嫌《きら》う一面があったようで、離婚して前々からあこがれていた宮仕えを始めることになる。

宮仕えに終止符《しゅうしふ》

中宮定子が若くして亡くなり、清少納言もこのころ宮仕えを辞《や》めたとみられる。定子とは趣味《しゅみ》や教養の面で意見がよく合ったようで、清少納言は彼女をとても尊敬していた。『枕草子』にも定子のエピソードが多く書かれている。

平安

和泉式部

（いずみしきぶ）

生没年　不詳

「浮かれ女《め》」と呼ばれた恋多き女流歌人

人物紹介

宮廷《きゅうてい》に仕えた女性。中古《ちゅうこ》三十六歌仙《さんじゅうろっかせん》などに選ばれている優《すぐ》れた歌人。恋多き女性で藤原道長《ふじわらのみちなが》に「浮かれ女」と呼ばれたが、恋によってますます才能が開花した。

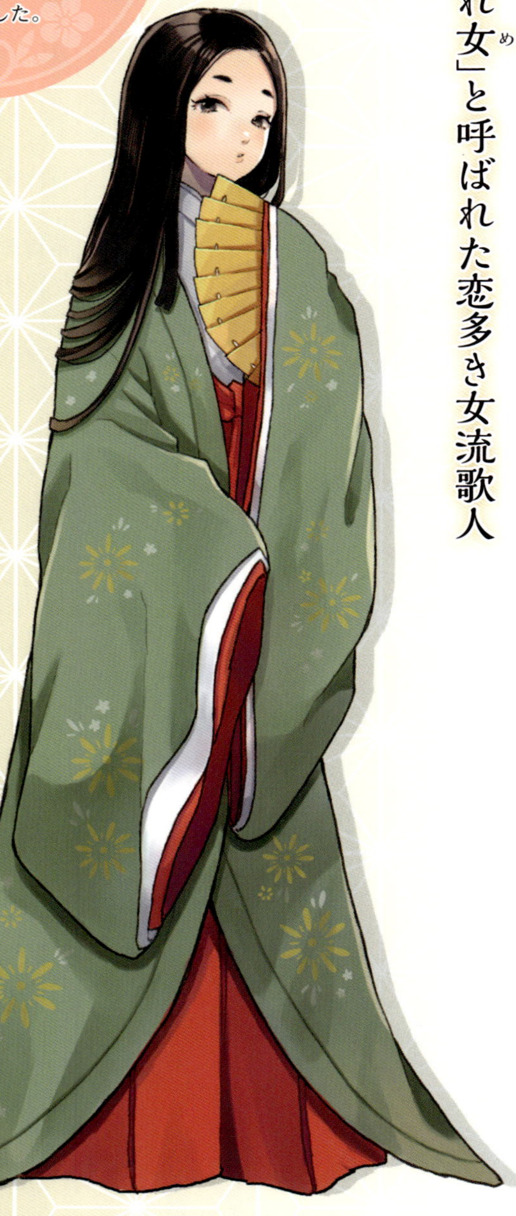

おい立ち

970 年ごろ

出生の時期については様々な説がある。父は下級貴族だった。

993 年ごろ

両親が仕えていた昌子内親王《しょうしないしんのう》に仕える。

996 年ごろ

結婚《けっこん》する。その後、娘・小式部《しょうしきぶ》を出産。

1001 年

為尊《ためたか》親王と恋愛関係になる。翌年、為尊親王死去。

1003 年

敦道《あつみち》親王との恋が始まる。

1004 年

『和泉式部日記』成立か。

1005 年

敦道親王の子を産む。

1007 年

敦道親王死去。

1009 年

中宮彰子《ちゅうぐうしょうし》に仕える。このころ藤原道長《ふじわらのみちなが》の家臣である男性と結婚。

1035 年ごろ

このころ死去か。1036 年に亡くなった夫より先に亡くなっていたようである。

おさえておきたい！ 関連人物

藤原道長《ふじわらのみちなが》（966 年～ 1027 年）

彰子をはじめ 4 人の娘を天皇のきさきとし、天皇の祖父として権力を握《にぎ》った。「この世は自分のためにあるようだ」という意味の和歌を詠《よ》んだ。

エピソード

橘道貞との結婚

呼び名は「式部」だったが、和泉守《いずみのかみ》であった男性と結婚したことにより「和泉式部」と呼ばれた。最初の結婚は幸福なものではなかったが、別れたあとも生涯《しょうがい》最初の夫・橘道貞《たちばなみちさだ》を忘れられず、道貞についての和歌が数多く残されている。

父に勘当《かんどう》される

道貞との結婚生活中に為尊親王と不倫《ふりん》関係になった。式部は父親に勘当され無実を訴《うった》える歌を送っているが、親王との恋で何か事件を起こしたとする説が有力である。

敦道親王との恋

為尊親王と死別したあと、為尊の弟・敦道親王と恋をする。道貞との離婚《りこん》時期は不明だが、このころには離婚していたとみられる。身分違《ちが》いの恋だったが式部は敦道親王の屋敷《やしき》に仕え、子供ももうけた。

親王と死別し、中宮彰子へ出仕

敦道親王と死別後、藤原道長に励《はげ》まされ、彼の娘・中宮彰子に仕えた。同僚《どうりょう》には女流作家や優秀《ゆうしゅう》な歌人が多くいた。

最後の夫との寂《さび》しい結婚

結婚後、丹後守《たんごのかみ》（現在の京都府北部の長官）となった夫について丹後《たんご》へ移った。しかし心が離れていく夫への不安を詠《よ》んだ和歌が残されており、あまり幸せではなかったようである。

貴族《きぞく》社会を描《えが》いた『源氏《げんじ》物語』を執筆《しっぴつ》した才女

人物紹介

天皇のきさきに仕えた才女。光源氏を主人公に貴族の恋愛や権力闘争《とうそう》を描いた『源氏物語』が大ヒットした。別のきさきに仕えていた清少納言のライバル的存在。

平安

紫式部

（むらさきしきぶ）

生没年　不詳

おい立ち

970年代

このころ誕生したと言われる。両親はともに藤原《ふじわら》氏の一門。

996年

父為時《ためとき》について越前《えちぜん》（現在の福井県）へ移る。

997年

藤原宣孝《ふじわらののぶたか》と和歌（ラブレター）のやりとりをする。のちに帰京して宣孝と結婚《けっこん》。

999年

娘・賢子《けんし》を出産。

1001年

夫・宣孝が病死する。このころから『源氏物語』の執筆を始めた？

1006年ごろ

中宮彰子《しょうし》に仕え始める。

1010年

『紫式部日記』を執筆。

1013年

『紫式部集』を編集。

1014年？

死去の説があるが、晩年の消息は不明。

おすすめの関連作品！

マンガ **『あさきゆめみし』**

大和和紀 作／講談社

『源氏物語』をほぼ忠実に再現したマンガ。古典が苦手な人に入門書としてもおすすめ。ストーリーはもちろん、当時の平安貴族の趣味《しゅみ》、教養、恋愛の様子など、生活スタイルにも注目！

エピソード

男よりも優秀な才女

兄弟が父から漢籍《かんせき》（漢文で書かれた書《しょ》籍《せき》）を習うのを聞いていた式部は兄弟より先に覚えてしまった。当時の女性はほとんど漢字を習わなかったことからも、式部の優秀《ゆうしゅう》さがわかる。父はよく式部が息子《むすこ》であったらとなげいていた。

年の差婚《こん》

式部と同じ年ごろの息子がいる藤原宣孝と結婚。式部は20歳を超《こ》えていたようで、当時としては遅《おそ》い結婚だった。

中宮への出仕は道長《みちなが》の思惑《おもわく》？

『源氏物語』執筆は時の権力者で中宮彰子の父・藤原道長の要請《ようせい》だったとする説がある。彰子の夫一条《いちじょう》天皇は物語を読むために彰子の元を訪れ、結果として皇子誕生が早まることが期待されていた。

女房《にょうぼう》名は最初「藤《とう》式部」だった

「藤」は藤原氏、「式部」は父為時が式部丞《しきぶのじょう》という役職であったことによる。『源氏物語』若紫《わかむらさき》巻が話題になったことから紫式部と呼ばれるようになった。

日本紀《にほんぎ》の御局《おつぼね》

学識をひけらかすものではないと、人前では「一」という漢字すら読めないふりをしていた。

しかし優秀すぎたため、女房仲間には日本紀の御局（『日本書紀《にほんしょき》』を読みこなすことを皮肉《ひにく》った呼び名）と呼ばれた。

平安

菅原孝標女

（すがわらのたかすえのむすめ）

生没年　1008年▼不明

回顧録《かいころく》『更級《さらしな》日記』の作者

人物紹介

女流作家・歌人。学問の神様として知られる菅原道真《すがわらのみちざね》の子孫。自身の10代から50代までを書いた『更級日記』の作者として有名。藤原道綱母《ふじわらのみちつなのはは》は母方の伯母《おば》（叔母《おば》）。

おい立ち

1008年

誕生。父は菅原道真の子孫・菅原孝標。

1017年

父とともに上総《かずさ》国（現在の千葉県）に移り住んだ。文学的環境《かんきょう》に恵《めぐ》まれていた。

1020年

父・孝標が任期を終え、京都に戻《もど》る。

1024年

産後の姉が死去。遺《のこ》された子を養育する。

1039年

祐子内親王《ゆうしないしんのう》家へ出仕。

1040年

結婚《けっこん》する。

1058年

夫が病により死去。『更級日記』はこのあたりで終わっており、晩年の消息は不明。

ここがポイント！ 用語解説

『更級日記』

13歳から書きはじめ、52歳までの回顧録。平安時代の中流貴族の女の半生が書かれている。

おさえておきたい！ 関連人物

菅原道真《すがわらのみちざね》（845年～903年）

平安前期の貴族で、朝廷《ちょうてい》で活躍《かつやく》したが、九州の大宰府《だざいふ》に左遷《させん》される。死後、天満宮に祀《まつ》られ、学問の神様として有名。

エピソード

『源氏《げんじ》物語』が好き

孝標女が生まれたのは、『源氏物語』千《せん》年紀《ねんぎ》の始まりと同じ年だった。印刷技術がなく書写によってゆっくりと広まっていったであろう時代である。長編の物語であるため時間をかけて書かれただろうし、孝標女の少女時代にもまだまだブームは去っていなかった。

宮仕えになじめなかった

孝標女が祐子内親王へ出仕を始めたのは32歳のころだった。なかなか慣れることができず、すぐに里に下がりがちになってしまった。主家は孝標女の姪《めい》に声をかけ、孝標女は姪とともにときどき出仕するようになった。

藤原行成女《ふじわらのゆきなりのむすめ》の生まれ変わりの猫《ねこ》

書家として有名な藤原行成だが、その姫《ひめ》も優《すぐ》れた筆跡《ひっせき》だったようで、孝標女は姫の筆跡を手本にしていた。この姫が亡くなり悲しんでいたころ、孝標女と姉の元に1匹《いっぴき》の猫が現れる。猫は姉の夢に現れ、姫が猫の姿になって現れたのだと告げたという。

女性のつながり

『更級日記』には女性のつながりが多く描かれている。孝標女は夫との間に息子をもうけているが、息子ではなく姪の養育について書かれているほどである。また伯母（叔母）が藤原道綱母、継母《ままはは》が紫式部《むらさきしきぶ》の縁者《えんじゃ》だった。

コラム1

『源氏《げんじ》物語』

『紫式部《むらさきしきぶ》日記』の1008年11月1日の条《じょう》に、記録上初めて『源氏物語』が登場する。これを1年目として、2008年に「源氏物語千年紀《せんねんき》」、つまり1000年ミレニアムイヤーを迎《むか》えた。現代語訳やマンガ版でも出版されており、現在でも気軽に読むことができる。

『源氏物語』は紫式部による五十四帖《じょう》（うち最後の十帖は「宇《う》治《じ》十帖」と呼ばれる）の長編の物語である。皇子として産まれた光源氏《ひかるげんじ》が亡き母の面影《おもかげ》を求め、数多くの女性たちと恋をするストーリーだ。「宇治十帖」では光源氏の息子・薫《かおる》が主人公となる。

❖「光源氏」は名前じゃない？

平安時代、身分の高い人を名前で呼ぶことはマナー違反《いはん》。「光源氏」も本名ではなくその美しさから「光る君《きみ》」と呼ばれており、「源《みなもと》」という姓《せい》を与《あた》えられたため「源氏の君」「光源氏」と呼ばれるようになった。『源氏物語』にはこのように本名が一切《いっさい》出てこない人物も多い。

❖実は女性の読み物だった？

この当時「物語」は漢文や和歌に比べて格下の扱《あつか》いだった。女性や子どもが読むもので、男性は読むべきではないとされていたのである。しかしそんな時代の中で『源氏物語』は男性にも読まれていた。

コラム2

『平家《へいけ》物語』

武家であった平家が貴族として栄華《えいが》をきわめ、そして滅《ほろ》んでいくまでを描いた『平家物語』は1230年代に原型ができあがったといわれる。作者については諸説ある。書物で広まった「読み本」系と盲目《もうもく》の琵琶法師《びわほうし》が語り広めたものをまとめた「語り本」系がある。「読み本」は「語り本」を元にエピソードを補強したものだと考えられてきたが、近年の研究では逆の見方が強い。

❖歴史的に正しいの？

「物語」であるからにはもちろん史実とは異なる脚色《きゃくしょく》もされており、歴史書としてすべてを鵜呑《うの》みにすることはできない。「平《たいらの》清盛《きよもり》は熱病に苦しみ亡くなったが、それは東大寺《とうだいじ》大仏を焼き滅《ほろ》ぼした罪により、地獄《じごく》行きが決定していたからだ」というエピソードもあるほどだ。しかし当時の歴史書と比較《ひかく》して読むことによって、『平家物語』は文学作品としてだけでなく、歴史を読み解く上でも重要な位置づけとなっている。

❖乱世を生きる女たち

本書で取り上げた人物以外にも、多くの女性が登場する。清盛が愛した白拍子《しらびょうし》の祇王《ぎおう》・祇女《ぎじょ》姉妹。二位尼《にいのあま》の妹で後白河上皇《ごしらかわじょうこう》に嫁《とつ》いだ建春門院《けんしゅんもんいん》平《たいらの》滋子《しげこ》、源《みなもとの》義経《よしつね》の母でありながら子を守るために清盛のもとへ身を寄せた常盤御前《ときわごぜん》。『平家物語』は武将たちだけでなく、女たちの戦いの物語でもある。

平《たいらの》清盛《きよもり》とともに栄華《えいが》をきわめ、そして終わらせた女性

人物紹介

日本初の武家《ぶけ》政権を打ち立てた平清盛の正妻《せいさい》。平家滅亡《へいけめつぼう》のさい、壇《だん》ノ浦《うら》で幼い安徳《あんとく》天皇を抱《だ》いて「波の下にも都はありますよ」と言って海に飛び込《こ》んだエピソードが有名。

平安

二位尼／平時子

（にいのあま）（たいらのときこ）

生没年　1126年▼1185年

おい立ち

1126年

出生。父は鳥羽上皇《とばじょうこう》に仕えた平時《たいらのとき》信《のぶ》。(上皇…退位した天皇)

1145年ごろ

平清盛と結婚《けっこん》か。

1147年

宗盛《むねもり》を出産。その後、男子2人と徳《とく》子《こ》(建礼門院《けんれいもんいん》)を出産した。

1168年

清盛が大病を患《わずら》い出家《しゅっけ》。時子もともに出家し、二位尼と呼ばれるようになる。

1180年

福原《ふくはら》京に遷都《せんと》するも徳子の夫・高《たか》倉上皇《くらじょうこう》の病状が悪く、京都へ都を戻《もど》す。

1181年

清盛が熱病で死去。

1183年

平家が都落ちする。

1185年

壇ノ浦の戦い。平家滅亡とともに死去。

おさえておきたい！関連人物

平清盛《たいらのきよもり》(1118年～1181年)

保元《ほうげん》の乱・平治《へいじ》の乱という2つの内乱に勝利して、朝廷《ちょうてい》での勢力を広げ、武士として初めて太政大臣《だいじょうだいじん》(当時の政治の最高職)となる。平家の栄華をきわめた。屋敷《やしき》が京都の六波羅《ろくはら》という場所にあったところから「六波羅殿《どの》」「六波羅入道《にゅうどう》」などとも呼ばれた。

エピソード

夫とともに平家を盛り立てる

夫の清盛とともに平家を盛り立てるために尽力《じんりょく》した。後白河上皇《ごしらかわじょうこう》に愛された妹の滋子《しげこ》(建春門院《けんしゅんもんいん》)とも連携《れんけい》し、娘・徳子を高倉天皇に嫁《とつ》がせることに成功した。

夫の不在を守る

大病を患った清盛は出家後に快復し、福原京の建設に尽力《じんりょく》する。福原(現在の兵庫県神戸《こうべ》市のあたり)に滞在《たいざい》することが多くなっていた。清盛不在の間、時子が一門を統率する役割を任されていた。

天皇の祖父母として

孫の安徳天皇が即位《そくい》し、外《がい》祖父母の清盛と時子は准三宮《じゅさんぐう》を与《あた》えられる。これが2人の道のりの最高到達《とうたつ》点であった。

後白河院との関係が悪化

滋子が死去したのち、後白河上皇との関係が悪化していく。関係修復のため、高倉上皇の死後、徳子を後白河上皇と再婚《さいこん》させる提案を清盛とともに進めていた。

平家の滅亡

清盛の死によって平家打倒《だとう》の動きが高まる。平家は都より敗走し源義経の追撃《ついげき》を受け、壇ノ浦(山口県下関)で最期《さいご》を迎《むか》える。もはやここまでと観念した時子は、右腕《みぎうで》に安徳天皇、懐《ふところ》に御璽《ぎょじ》、帯に御剣《ぎょけん》を差して海に身を投げた。

(御璽・御剣…ともに歴代の天皇が皇位の証拠《しょうこ》として受け継《つ》いだ宝物のこと。)

滅亡《めつぼう》した平家《へいけ》の菩提《ぼだい》を弔《とむら》いながら生きた女院《にょいん》

人物紹介

平清盛《たいらのきよもり》と二位尼《にいのあま》（平時子《ときこ》）の娘で高倉《たかくら》天皇の皇后《こうごう》。安徳《あんとく》天皇の母。平家が滅亡した壇《だん》ノ浦《うら》の戦いで安徳天皇らとともに海に身を投げたが、源氏《げんじ》軍に救われた。

平安

建礼門院／平徳子

（けんれいもんいん）
（たいらのとくこ）

生没年　1155年ごろ▼1213年ごろ

おい立ち

1155 年ごろ

父は平清盛、母は二位尼（平時子）。名は徳子。

1171 年

高倉天皇の女御《にょうご》となる。翌年、皇后となる。

1178 年

言仁《ときひと》親王（のちの安徳天皇）を出産。

1180 年

高倉天皇が位を譲《ゆず》り、安徳天皇が即《そく》位《い》。

1181 年

夫・高倉上皇と父・平清盛が相《あい》次いで死去。院号を与《あた》えられ建礼門院となる。

1183 年

平家が都落ちする。

1185 年

壇ノ浦の戦いで平家滅亡。安徳天皇を亡くす。

1213 年ごろ

死去したといわれるが、没年《ぼつねん》や没《ぼっ》した場所は諸説ある。

ここがポイント！ 用語解説

軍記物語

鎌倉・室町時代の文学におけるジャンルの１つ。『平家物語』に代表される武家の戦闘《せんとう》を描《えが》いた文学作品をいう。軍記もの・軍記文学・戦記文学ともいう。フィクションも含まれるが歴史的資料としても重要。人形浄《にんぎょうじょう》瑠璃《るり》や歌舞伎《かぶき》など、後世の芸能にも大きな影響《えいきょう》を与《あた》えた。

エピソード

幼い天皇の母

子の安徳天皇は数え年の 3 歳で即位した。高倉上皇が院政を行い、清盛が外《がい》祖父として権力をふるった。徳子は天皇の母として積極的にこれにかかわっていた。

壇ノ浦で海に身を投げる

平家が源氏に壇ノ浦の戦いで敗れ、母・二位尼が安徳天皇を抱《だ》きしめて海に身を投げた。建礼門院も焼き石や硯《すずり》を左右の懐《ふところ》に入れて海に入った。しかし源氏の武士に熊手《くまで》で引き上げられて助かった。

生き残った意味

母・二位尼に「男は生き残ることが難しい。女は殺さない風習なので、生きながらえて安徳天皇や自分たちを弔ってほしい」と頼まれていたという。建礼門院は残りの人生を尼寺《あまでら》で過ごした。

寂光院《じゃっこういん》での侘《わび》しい暮らし

建礼門院は晩年を京都の寂光院で過ごした。生活はかなり質素なものだった。寝所には粗末《そまつ》な衣があり、障子《しょうじ》には経《きょう》が書かれていた。寂光院に入り 1 年以上たって、ようやく経済的に保証された。

『平家物語《へいけものがたり》』の最後

平家の興亡《こうぼう》を描《えが》いた『平家物語』は壇ノ浦の戦いで生き延びた建礼門院を後白河上皇が訪ねる巻で終わっており、史実と考えられている。『平家物語』は建礼門院の死によって幕を下ろす。

平安

巴御前

（ともえごぜん）

生没年　不詳

愛する人に付き従った女《おんな》武者《むしゃ》

人物紹介

鎌倉時代の武将・源《みなもとの》義《よし》仲《なか》の愛妾《あいしょう》。義仲に最後まで付き従った女武者として有名。『平家《へいけ》物語』には一騎当千《いっきとうせん》の武者でありながら色白の美人であったと描《えが》かれている。

おい立ち

1152年～1162年ごろ？

このころ誕生か。

1181年

義仲の平家打倒の挙兵に従う。

1183年

倶利伽羅峠《くりからとうげ》（富山県と石川県の県境）の戦いに参戦。

1184年

源頼朝の軍との戦いで義仲が討《う》ち死にし、巴は落ち延びる。このときの年齢は22歳～32歳と、作品によって幅《はば》があり詳細《しょうさい》は不明。

おさえておきたい！ 関連人物

源《みなもとの》 義仲《よしなか》（1154年～1184年）

木曽《きそ》で育ったため、木曽義仲や木曽《きその》冠者《かじゃ》とも呼ばれる。平家打倒の軍を上げ、倶利伽羅峠の戦いで平家の大軍を打ち破ったことで知られる。京都に入ったあと義仲軍が乱暴をはたらいたため、頼朝に討たれることとなった。

ここがポイント！ 用語解説

鎌倉幕府

源頼朝が鎌倉で始めた武家政権。幕府とは武家政権を指す言葉。頼朝の死後は執権《しっけん》となった北条時政《ほうじょうときまさ》（北条政子《まさこ》の父）が政治を引き継いだ。以後、将軍はお飾《かざ》りの存在として、北条氏が実権を握《にぎ》った。1274年、1281年のモンゴルの襲来《しゅうらい》を退《しりぞ》けたが、1333年に足利尊氏《あしかがたかうじ》らによって滅《ほろ》ぼされた。

エピソード

義仲とは幼馴染《おさななじみ》

義仲やその乳《ち》兄弟（乳母《うば》の子供）らとともに木曽（長野県）の豪族《ごうぞく》に育てられた幼馴染だった。巴は養女で、身分は低かったとみられる。

大力の女武者

幼いころは義仲と組み合っても劣《おと》るところがなかったり、大力で名高い男の武士を組み伏《ふ》せてしまうほどの非常に強い力を持っていた。一度に2人の武士の首をもぎ取る格闘術《かくとうじゅつ》の達人だった。これは武家の大力が女性の血筋《ちすじ》から受け継《つ》がれるという「信仰《しんこう》」とともに語られたものである。この信仰は当時かなり広まっていたようだ。

最後まで義仲に付き従う

義仲が源《みなもとの》 頼朝《よりとも》との戦いに敗れ都落ちをしたさい、多くの者が軍勢から逃げ出し追手に討たれていく中で、巴は最後の7騎《き》になるまで討たれなかった。義仲に「お前は女だから逃《に》げなさい」と言われても付き従った。しかしあまりに強く「逃げろ」と言われ、最後に手柄《てがら》を立ててから東国のほうへ逃げていった。

各地に伝説が残る

義仲滅亡後の巴の消息《しょうそく》は不明。『源平盛《げんぺいせい》衰記《すいき》』には、巴はのちに和田義盛《わだよしもり》の妻になって力持ちの子、朝比奈義秀《あさひなよしひで》を産んだという後日譚《ごじつたん》が付け加えられている。そのほか、各地に巴伝説が残っている。

平安

静御前（しずかごぜん）

生没年　不詳

源《みなもとの》 義経《よしつね》を恋い慕《した》った女性

人物紹介

源義経の愛妾《あいしょう》。白拍子《しらびょうし》という男装して芸をする女性。都落ちする義経に付き従う以前のおい立ち、その後のことなどは不明。源頼朝《よりとも》の前で義経を恋い慕う歌を歌った。

おい立ち

1185年　11月

義経とともに吉野《よしの》山（奈良県）に隠《かく》れる。義経と別れたあと、捕《と》らえられる。

12月

北条政子《ほうじょうまさこ》の父・北条時政《ほうじょうときまさ》の屋敷《やしき》（京都）へ送られる。

1186年　3月

鎌倉に送られる。

4月

頼朝と政子が鶴岡八幡宮《つるがおかはちまんぐう》に参拝《さんぱい》。頼朝・政子夫妻に請《こ》われ舞《まい》を披露《ひろう》する。

閏《うるう》7月

義経の子を出産するも殺される。

9月

母とともに京都へ戻《もど》る。その後の消息は不明。

おさえておきたい！ 関連人物

源 義経《みなもとのよしつね》（1159年～1189年）

幼名は牛若丸《うしわかまる》。幼少期を京都の鞍《くら》馬山《まやま》で過ごした。兄・頼朝《よりとも》と対立し、追手に追い詰《つ》められて自害した。武蔵坊弁慶《むさしぼうべんけい》と京都の五条《ごじょう》大橋で出会い、打ち負かして家来にした話が有名。

武蔵坊弁慶《むさしぼうべんけい》（不詳～1189年）

もともとは比叡山《ひえいざん》の僧侶《そうりょ》だったという。頼朝の追手から逃亡しているとき、関所で敵の目を欺《あざむ》くために義経を殴《なぐ》ったというエピソードがあり、歌舞伎《かぶき》の演目にもなっている。最期まで義経に仕えた。

エピソード

義経の行方《ゆくえ》を隠《かく》す

義経と吉野山中で別れたあと、頼朝方に捕らえられた静は、義経の行方について北条時政らに尋問《じんもん》された。しかし静はけっして義経の行方を教えなかった。

頼朝の前で義経のために舞《ま》う

捕らわれた静は頼朝の呼び出しに対して病気と言って断っていた。しかしついに逆らえなくなり、頼朝と北条政子が鶴岡八幡宮にお参りしたさいに舞を披露する。静はそこで離《はな》れ離れになった義経を恋い慕う歌を歌い、頼朝は激怒《げきど》した。政子が頼朝にとりなし、静は命が救われただけでなく褒美《ほうび》も与《あた》えられた。

雨乞《あまご》いの伝説

後鳥羽上皇《ごとばじょうこう》の時代に大干《だいかん》ばつがあった。そこで100人の舞姫《まいひめ》を集め、後鳥羽上皇が行幸《ぎょうこう》して雨を祈《いの》る舞を奉納《ほうのう》した。99人まで舞っても雨は降らず、後鳥羽上皇は100人目に舞おうとした静に衣を与《あた》えた。静がこの衣を着て舞うと、雨がおびただしく降ったという。

わが子を失って

静は義経の子どもを産むも、男児であったために殺されてしまった。それをあわれんだ政子とその長女に、多くの品物を持たされたという。京に帰ったあとは出《しゅっ》家《け》して翌年死去したとも、このとき20歳であったとも言われる。ただし確かなことは何もわからない。

人物紹介

北条時政《ほうじょうときまさ》の長女で鎌倉幕府を開いた源頼朝の妻。晩年は幼い将軍に代わって政務を行い、尼将軍と呼ばれた女傑《じょけつ》。承久《じょうきゅう》の乱のさいに家臣たちをまとめ上げた。

尼《あま》将軍と呼ばれた 源《みなもとの》 頼朝《よりとも》の妻

鎌倉

北条政子（ほうじょうまさこ）

生没年　1157年▼1225年

おい立ち

1157年

伊豆《いず》の豪族《ごうぞく》・北条時政の長女として生まれる。

1160年

源頼朝と出会う。

1177年

頼朝と結婚《けっこん》。翌年に長女・大姫《おおひめ》出産か。

1184年

大姫が心を病む。

1186年

鶴岡八幡宮《つるがおかはちまんぐう》に詣《もう》でる。源義経《よしつね》のために舞《ま》い歌った静御前《しずかごぜん》を見て同情する。

1192年

頼朝が征夷大将軍《せいいたいしょうぐん》になる。

1197年

大姫が20歳の若さで亡くなる。

1199年

頼朝が死去。

1221年

承久の乱が起こる。御家人《ごけにん》（将軍に仕える武士）を集め「最期《さいご》の詞《ことば》」を演説する。

1225年

死去。

おさえておきたい！関連人物

源 頼朝《みなもとのよりとも》（1147年～1199年）

平家を滅亡させ、鎌倉幕府を開いた人物。1192年に征夷大将軍となり、武士を将軍との主従関係で統率する体制をつくった。

エピソード

流人《るにん》頼朝と恋愛結婚

政子が4歳のころ、源頼朝が平治《へいじ》の乱で敗れ、伊豆に流されてきた。流人といってもある程度の自由な生活を送っていたようで、成長した政子は頼朝と恋仲になり、21歳で結婚した。

大姫の悲劇

長女の大姫は幼くして源 義仲《みなもとのよしなか》の長男・義高《よしたか》と婚約《こんやく》した。しかし頼朝と義仲が決《けつ》裂《れつ》し、義仲が討《う》ち取られる。息子の義高も頼朝の命令で殺された。この事件のせいで大姫は心の病になった。政子は母としてそんな大姫の世話をした。

情の深い女性

義仲の妹で宮菊《みやぎく》という女性と仲が良かった。この女性が横領《おうりょう》事件に巻き込《こ》まれたさい、「義仲は朝敵《ちょうてき》だがこれといって罪がない妹はあわれんでやらねばならない」と頼朝にとりなした。また義経の愛《あい》妾《しょう》・静御前が頼朝を激怒《げきど》させたときも、「戦の時の不安は今の静のようだった」ととりなした。

尼将軍の「最期の詞」

頼朝の死後、後鳥羽上皇《ごとばじょうこう》と政子の弟・北条義時《よしとき》が争った承久の乱が起こったさい、政子は動揺《どうよう》した御家人たちに「最期の詞」として亡き頼朝への恩を語り、早く敵を討ち取ること、ただし相手方に仕えたいならばただちに申し出ることを語り、御家人の動揺はおさまった。

京都を焼いた応仁《おうにん》の乱を引き起こしたとされる悪女

室町

日野富子

（ひのとみこ）

生没年　1440年▼1496年

人物紹介

室町幕府第８代将軍・足利《あしかが》義政《よしまさ》の正室。11年にもわたった応仁の乱を引き起こした人物といわれる。敵味方関係なく金貸しを行ったため、守銭《しゅせん》奴《ど》のイメージが強い。

おい立ち

1440年

中流貴族の日野家に生まれる。

1455年

将軍・足利義政に嫁《とつ》ぐ。

1459年

子を産むがすぐに死去する。

1464年

後継者《こうけいしゃ》とするため、義政が弟・義視《よしみ》を養子にする。

1465年

長男・義尚《よしひさ》を出産。

1467年

応仁の乱が起こる。

1471年

義政といざこざを起こし別居。

1473年

義尚が9歳で将軍職に就任。

1477年

応仁の乱が終わる。

1489年

義尚が出陣中《しゅつじんちゅう》に病死。義尚の葬儀《そうぎ》を主催《しゅさい》する。

1496年

死去。

ここがポイント！用語解説

室町幕府

1333年に鎌倉幕府が倒れたあとに起こった武家政権。足利家3代将軍の義満《よしみつ》が京都の室町で政治を行ったことから室町幕府と呼ばれた。1573年に織田信長《おだのぶなが》によって将軍が京都を追われるまで、約240年続いた。

エピソード

女好きの夫

義政に嫁いだとき、義政20歳、富子は16歳だった。夫の義政は女好きで数多くの側室がいた。一夫多妻《いっぷたさい》の時代とはいえ義政の女好きは度が過ぎていたようで、夫婦仲はよくなかった。

浮気《うわき》を疑われる

富子が後土御門《ごつちみかど》天皇と浮気しているという噂《うわさ》が立ってしまう。実際は富子ではなく富子の侍女《じじょ》が天皇の相手というのが噂の真相だったのだが、こんな噂が立ったのは義政と富子の夫婦関係が冷え切っていたからとする見方が強い。

義弟との関係

夫・義政の弟である義視とは応仁の乱で敵対した。だが義視の妻は富子の妹で、元々の関係は良好だった。しかし富子・義視、それに家臣たちの思惑《おもわく》は一致《いっち》せず、衝突《しょうとつ》してしまったのである。

金の力を利用する

富子が悪女のイメージを持たれるのは、多額の資産を持ち、金貸しを行ったからでもある。それも応仁の乱の和平交渉《こうしょう》のさい、敵味方関係なく貸し付けたという。

息子の死後も幕府に影響《えいきょう》

義尚は将軍となるも、20代の若さで亡くなってしまう。富子は息子の死後も室町幕府に積極的に関わり、影響を及《およ》ぼしていた。

コラム3

応仁《おうにん》の乱

室町《むろまち》幕府の将軍・足利義政《あしかがよしまさ》には息子がいなかった。そのため出《しゅっ》家《け》していた弟・義視《よしみ》を還俗《げんぞく》させて、後継者《こうけいしゃ》として養子にした。しかしその翌年、日野富子《ひのとみこ》は長男・義尚《よしひさ》を出産する。

富子が義尚を将軍にと願ったことがきっかけとなり、それぞれの後見人《こうけんにん》となった細川勝元《ほそかわかつもと》と山名宗全《やまなそうぜん》が対立。幕府は二分され、武力をもって争うこととなった。1467 年、応仁の乱が始まった。

❖京都が焼け野原に

傭兵《ようへい》たちの乱暴などで京都は焼け野原になった。貴族や寺社も焼け落ち、多くの宝物が失われ、幕府の権威《けんい》を失墜《しっつい》させた。

❖終わらない戦乱

1473 年、山名宗全と細川勝元が相次《あいつ》いで亡くなった。同じ年、義政は息子の義尚に将軍職を譲《ゆず》る。山名・細川両氏の間で和議《わぎ》も成立。にもかかわらず、乱は終わらなかった。諸大名が抗戦《こうせん》したためである。

❖戦いに疲弊《ひへい》する

応仁の乱が終わったのは、11 年にも及《およ》ぶ戦いに両軍が疲《つか》れたためであった。また京都に出陣《しゅつじん》してきていた守護大名が国に残る守護代らに実権を奪《うば》われそうになり、急ぎ戻《もど》らないとならないという背景もあった。勝者らしい勝者もおらず、また火種も残したまま、なし崩《くず》し的に 1477 年に終結したのだった。

コラム４

関ヶ原《せきがはら》の戦い

天下人となった豊臣秀吉《とよとみひでよし》の死後、後継者《こうけいしゃ》となった豊臣秀頼《ひでより》はまだ幼かった。五大老《ごたいろう》の１人・前田利家《まえだとしいえ》が後見《こうけん》となって政権は安定したかに見えたが、徳川家康《とくがわいえやす》が水面下で動き始める。これに反発したのが豊臣家家臣の石田三成《いしだみつなり》である。1599 年に前田利家が亡くなると、両者の対立はますます強まっていく。

❖石田三成の挙兵《きょへい》

1600 年、ついに三成が挙兵し、家康に宣戦布告する。三成の西軍と家康の東軍は各地で戦《いくさ》となったが、美濃国《みののくに》関ヶ原（岐阜県）にて最終決戦を迎《むか》えるのである。

❖小早川秀秋《こばやかわひであき》の裏切り

秀吉の正室・おねの甥《おい》である小早川秀秋は西軍に味方していたはずだった。しかし西軍に参戦を促《うなが》されても応じなかった。あらかじめ西軍を裏切り、東軍につくように内通工作がされていたのである。春日局《かすがのつぼね》の夫であった稲葉正成《いなばまさなり》は秀秋に仕えており、これに関わっている。そして秀秋は裏切り、東軍に味方して西軍と戦うのである。

❖１日で決着

関ヶ原の戦いは、たった１日で家康の東軍の勝利という形で決着する。敗北した三成はその後、京都の六条河原《ろくじょうがわら》にて斬首《ざんしゅ》された。それから 15 年後、大阪の陣《じん》で豊臣家は滅亡《めつぼう》するのである。

戦国

於大の方（おだいのかた）

生没年　1528年▼1602年

江戸《えど》幕府を開いた徳川家康《とくがわいえやす》の生母

人物紹介

出家《しゅっけ》後は伝通院《でんつういん》と号した。家康を出産直後に離縁《りえん》せざるを得なかった。その後も家康との音信を絶やさず、家康が成長したのちに再会した。最期《さいご》は家康のそばで亡くなった。

おい立ち

1528年

刈谷《かりや》城（現在の愛知県刈谷市）の城主の次女として生まれる。

1541年

岡崎《おかざき》城（現在の愛知県岡崎市）の城主・松平広忠《まつだいらひろただ》に嫁《とつ》ぐ。

1542年

岡崎城にて竹千代《たけちよ》（のちの徳川家康）出産。

1543年

父・忠政が死去。広忠と離縁。このち、阿古居《あこい》城（愛知県知多郡阿久比町）の城主・久松俊勝《ひさまつとしかつ》と再婚《さいこん》。

1552年

俊勝との第一子・康元《やすもと》を出産。

1560年

家康が今川から自立して織田信長《おだのぶなが》と同盟する。於大は俊勝の息子らとともに家康に迎《むか》えられた。

1587年

俊勝死去。出家《しゅっけ》して伝通院《でんつういん》と号する。

1602年

家康のいる京都の伏見《ふしみ》城に滞在《たいざい》。この年、伏見城にて死去。

おさえておきたい！ 関連人物

徳川家康《とくがわいえやす》（1542年～1616年）

織田信長《おだのぶなが》と同盟して勢力を広げ、豊《とよ》臣秀吉《とみひでよし》の天下統一に大きな役割を果《は》たした。秀吉の死後、豊臣家家臣の石田三成《いしだみつなり》を関ヶ原《せきがはら》の戦いで破り、江戸幕府を開いた。多趣味《たしゅみ》な人物としても有名で、趣味の１つに薬づくりがある。

エピソード

わが子の無事成長を祈願《きがん》

竹千代を出産した年、寺に薬師如来《やくしにょらい》を奉《ほう》納《のう》してわが子の無事成長を祈願した。夫の広忠も長子の誕生を記念して寺に寄付をしている。

幼いわが子と離れ離れに

父の死後、兄が織田信長に味方した。松平家は今川家に仕えており、当時織田と今川は敵対していた。そのため於大は離縁され、竹千代とも離《はな》れ離れになった。

思慮《しりょ》深い女性

広忠と離縁後、広忠の家臣らの護衛に送られて刈谷城の近くまできたとき、於大は護衛に岡崎城に帰るよう促《うなが》した。「兄は短気な人だから、広忠の家臣が護送してきたと知ったら兵を挙げて襲《おそ》いかかるに違《ちが》いない。広忠のもとには竹千代がいて兄にとっても甥《おい》になるのだから、いつか和睦《わぼく》することができるかもしれないが、今ここであなたたちが兄に討《う》たれたら将来和睦の妨《さまた》げとなる」と言った。護衛たちは近くの民に於大を刈谷城まで送らせた。その様子を隠《かく》れて見ていると、刈谷城には武装した兵が待機していたという。

再婚しても家康を忘れず

於大は再婚した俊勝との間に３男３女をもうけた。しかし幼い家康を忘れることなく、このとき織田方の人質となっていた家康にしばしば着物や果物などの差し入れを行っていた。

天下統一を成し遂《と》げた豊臣《とよとみ》秀吉《ひでよし》の妻

人物紹介

豊臣秀吉の正妻として側室《そくしつ》たちをとりまとめ、家臣に気を配った。自身には子供がいなかったが、養子や側室の子の養育にあたった。出家《しゅっけ》後も豊臣家のために動いた。

戦国

おね／北政所（きたのまんどころ）

生没年　1548年ごろ▼1624年

おい立ち

1548 年ごろ

この間に尾張《おわり》国（現在の愛知県）で誕生したとみられる。

1561 年

木下藤吉郎《きのしたとうきちろう》（のちの豊臣秀吉）と結婚《けっこん》。

1573 年

秀吉が長浜《ながはま》城主となる。

1582 年

本能寺《ほんのうじ》の変。秀吉が明智光秀《あけちみつひで》を討《う》つ。

1585 年

秀吉が関白《かんぱく》となり、おねは「北政所《きたのまんどころ》」と呼ばれるようになる。京都の聚楽《じゅらく》第《だい》に住む。

1598 年

豊臣秀吉が死去。

1600 年

関ヶ原《せきがはら》の戦いが起こる。

1603 年

出家して高台院《こうだいいん》と号する。京都に高《こう》台寺《だいじ》を建立《こんりゅう》。秀吉の菩提《ぼだい》を弔《とむら》う。

1615 年

大阪夏の陣《じん》が起こり、豊臣家が滅亡《めつぼう》。

1624 年

死去。

おさえておきたい！ 関連人物

豊臣秀吉《とよとみひでよし》（1537 年～ 1598 年）

もとは百姓だったが、武士となり織《お》田《だ》信長《のぶなが》に仕えた。天下統一をなしとげ、太閤検地《たいこうけんち》や刀狩令《かたながりれい》など全国に及《およ》ぶ政策で国内の統合を進めた。朝鮮《ちょうせん》への出兵も行ったが、その最中に死去し、兵は引き上げざるを得なかった。

エピソード

下級武士の妻に

豊臣秀吉はもともと百姓《ひゃくしょう》（農民）だった。織田信長《おだのぶなが》に仕える武士となっていたが身分は低く、おねは母に結婚を反対された。婚礼《こんれい》は質素なものだった。

町人の年貢《ねんぐ》を免除《めんじょ》させる

夫・秀吉が長浜城主となったさい、秀吉は城下に人を集めて住ませようとして年貢や諸役《しょやく》を免除した。その結果、付近の農村からの年貢が滞《とどこお》ってしまい秀吉は撤回《てっかい》しようとしたが、おねは年貢免除を続行させ人心をつかんだ。

正妻の采配《さいはい》

秀吉には 16 人ほど側室《そくしつ》がいた。おねは正妻として側室を束ね、側室たちのいさかいの仲裁も行った。秀吉と淀殿《よどどの》の間に生まれた鶴松《つるまつ》や秀頼《ひでより》の養育にも関わった。

秀吉亡き後も豊臣家に尽《つ》くす

秀吉が亡くなったあと、おねは出家し菩提を弔う生活に入った。しかし家臣らが対立。秀吉の側室である淀殿とは犬猿《けんえん》の仲として知られていたが、豊臣家のため 2 人は協力した。

大阪城落城

大阪夏の陣で淀殿とともに秀吉との子・秀頼が自害し、豊臣家が滅亡する。京都の高台寺にいたおねは仙台《せんだい》の武将・伊達《だて》政宗《まさむね》に「大阪のことは何とも申し上げる言葉もございませぬ」と手紙を送った。

戦国

お市の方

（おいちのかた）

生没年　1547年ごろ▼1583年

二度の政略結婚《せいりゃくけっこん》をした戦国一の美女

人物紹介

織田信長《おだのぶなが》の妹（もしくは義理の妹）で同盟の証《あかし》に浅井長政《あざいながまさ》に嫁《とつ》いだ。夫と兄の死後、お市をめぐった争奪戦《そうだつせん》が起こったという。その後、柴田勝家《しばたかついえ》に嫁いだ。

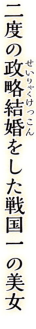

おい立ち

1547年ごろ

誕生。

1567年ごろ

兄・信長と北近江《きたおうみ》の武将の浅井長政との同盟のため、長政と政略結婚する。

1570年

長政が裏切り、信長との同盟が決裂《けつれつ》する。

1573年

信長に敗れ、長政が自害する。

1582年

本能寺《ほんのうじ》の変。信長が自害する。
信長の家臣・柴田勝家と再婚《さいこん》し、北《きたの》荘《しょう》城（現在の福井県）に入る。

1583年

豊臣秀吉《とよとみひでよし》に攻《せ》め込《こ》まれ、北荘城で夫の勝家とともに死去。

おさえておきたい！ 関連人物

織田信長《おだのぶなが》（1534年～1582年）

豊臣秀吉《とよとみひでよし》や前田利家《まえだとしいえ》らが仕えた人物。若いころは乱暴なふるまいが多く、「大うつけ者」と悪名高かった。戦で鉄砲隊《てっぽうたい》を使い、数々の勝利を収めた。敵対していた今川義元《いまがわよしもと》に桶狭間《おけはざま》の戦いで打ち勝ち、室町幕府を倒した。また、長篠《ながしの》の戦いで徳川家康《とくがわいえやす》とともに武田《たけだ》氏を破った。天下統一の目前、京都の本能寺《ほんのうじ》に宿泊しているさい、家臣の明智光秀《あけちみつひで》に襲《おそ》われて追いつめられ、本能寺に火を放って自害した。西洋の科学に関心を持ち、アフリカ系の男性を側近にしていたという。

エピソード

戦国一の美女

美男子であった織田信長の妹で、お市も戦国一の美女と評判高い。最初の夫・浅井長政とは政略結婚だったが、夫婦仲はよかったといわれる。

夫の謀反

長政が信長に謀反を起こし、兄と夫が戦う事態となる。通常ならば離縁《りえん》されるところだが、お市は浅井家にとどまった。この間に3女お江《ごう》が生まれる。美人と名高いお市を長政が手放せなかったのか、あるいは人質のためであったのか、理由は不明。

お市をめぐって争う男たち

本能寺の変で信長が死去したあと、お市に豊臣秀吉と柴田勝家の2人がそれぞれ求婚《きゅうこん》した。お市は36歳、秀吉46歳、勝家61歳であった。甥《おい》の織田信孝《おだのぶたか》の説得と3人の娘を連れて行ってもいいという条件から、お市は勝家を選んだ。

夫とともに死す

柴田勝家が豊臣秀吉との戦《いくさ》に敗れ自害を決めたとき、お市に逃《に》げるよう説得した。お市は「最初の夫長政が死んだときに生き延びたからこそ、いままたこのような目にあっているのだ。たとえ少しの間でも夫婦となったのだからまた生き延びようとは思わない」と勝家とともに死ぬことを選んだ。娘たちは秀吉のもとへ送って生かした。

戦国

まつ

百万石《ひゃくまんごく》の藩《はん》へ導いた良妻賢母《りょうさいけんぼ》

生没年　1547年▼1617年

人物紹介

戦国武将・前田利家《まえだとしいえ》の正妻。夫・利家は織田信長《おだのぶなが》と豊臣秀《とよとみひで》吉《よし》に仕えた。秀吉の妻・おねとも親交があり、夫婦で豊臣政権を支えた。のちに前田家は百万石の大《だい》大名となった。

おい立ち

1547年

尾張国《おわりのくに》(現在の愛知県)に誕生。

1558年

母方のいとこである前田利家に嫁《とつ》ぐ。

1559年

長女を出産。その後、10人以上の子をもうけた。

1582年

本能寺《ほんのうじ》の変が起こる。

1599年

利家が病死。出家《しゅっけ》して芳春院《ほうしゅんいん》と号する。

1600年

関ヶ原の戦い。

息子・利長《としなが》に謀反《むほん》の疑いがかけられ、徳川家康《とくがわいえやす》の人質となる。

1614年

解放されて帰国する。

1617年

金沢《かなざわ》城内で死去。

おすすめの関連作品!

大河ドラマ 『利家とまつ〜加賀百万石物語〜』

NHK 制作

2002年の大河ドラマ。利家とまつがともに助け合い、百万石の大名に出世していくドラマを描《えが》く。夫婦と交流の深かった豊臣秀吉・おね夫妻も多く登場し、彼らとの友情も描かれる。原作・脚本《きゃくほん》の竹山洋《たけやまよう》による原作小説も出版されている。放映中には石川県で「加賀《かが》百万石博」が開催《かいさい》された。

エピソード

前田家で育つ

母親が前田利家の母の姉であり、つまり利家とはいとこ同士だった。この縁《えん》で4歳のころに前田家に引き取られ、その後、利家の妻となった。

失業した夫を支える

結婚《けっこん》の翌年、利家は信長に仕える同朋《どうほう》を惨殺《ざんさつ》した罪で出仕《しゅっし》停止の処分を受けた。生まれたばかりの長女を抱《かか》え、夫は失業という厳しい新婚《しんこん》生活となった。その後、利家が手柄《てがら》を立てて再びの出仕を許されるまでの2年間、夫を支え続けた。

秀吉・おね夫妻との親交

豊臣秀吉の妻・おねとは1歳違《ちが》いで親しくしており、まつが利家と結婚したさいもおねが仲人《なこうど》の役割を果たしたという。子どものいない秀吉とおねに生まれたばかりの次女を養女として託《たく》しており、信《しん》頼《らい》を寄せていたことがわかる。信長の死後、秀吉のもとで要職についた利家のように、まつはおねを支えた。

家康の人質となる

豊臣秀吉、そして夫・利家の死後、長男の利長に謀反の疑いをかけられた。利長は母・まつを人質として江戸《えど》へ送ることでこの疑いを晴らした。まつは息子に「私は年を取っているし、覚悟《かくご》もできている。母のために家をとりつぶしてはいけないから、いざというときはこの母を捨てなさい」と言った。

キリスト教の教えを守り抜《ぬ》いたキリシタンの女性

戦国

細川ガラシャ（ほそかわがらしゃ）

生没年　1563年▼1600年

人物紹介

戦国武将・明智光秀《あけちみつひで》の娘で細《ほそ》川忠興《かわただおき》の正妻。キリスト教徒で洗礼名《せんれいめい》ガラシャ。反逆者の娘というレッテルを貼《は》られた。最期《さいご》は家臣に己《おのれ》を殺させるという壮絶《そうぜつ》な人生を送った。

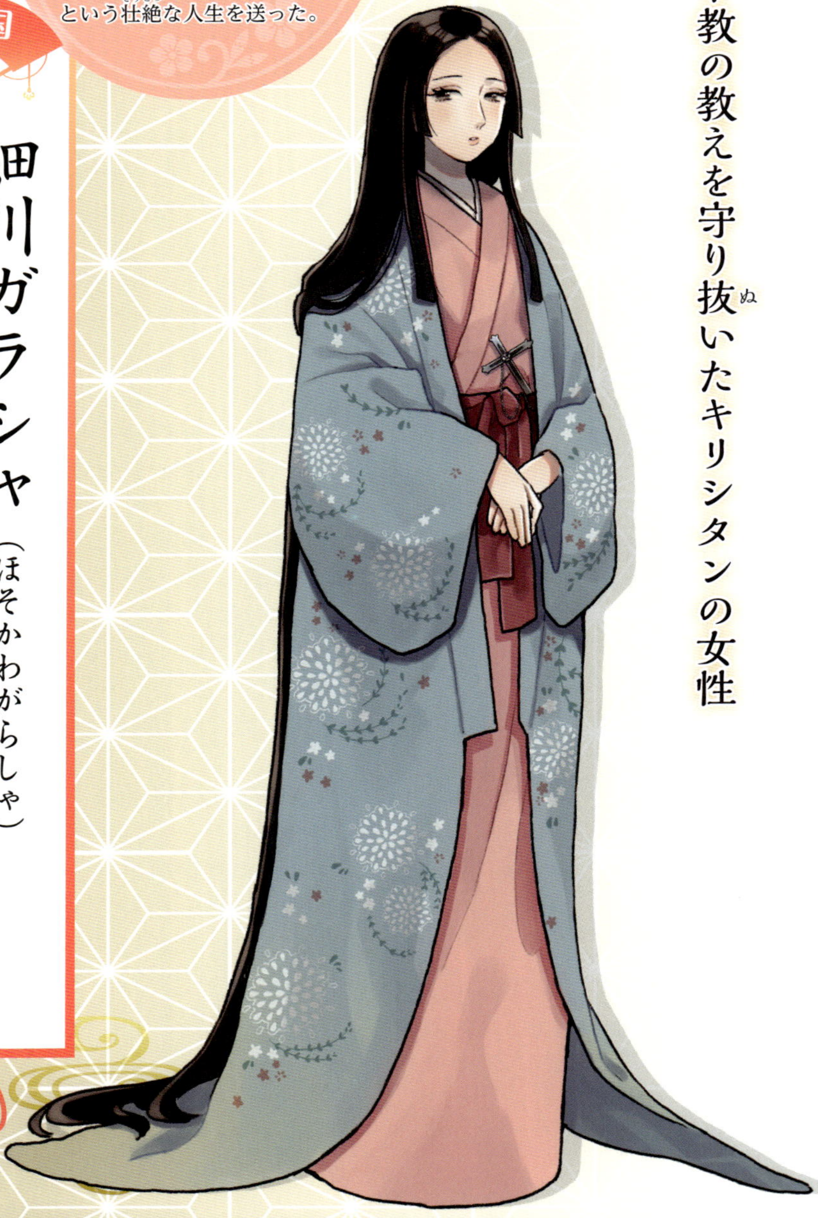

おい立ち

1563年

明智光秀の娘として生まれる。本名は玉子《たまこ》。

1578年

織田信長《おだのぶなが》の家臣・細川忠興と結婚《けっこん》。

1579年

長女を出産。

1582年

本能寺《ほんのうじ》の変が起こる。忠興と離縁。

1587年

忠興と再婚《さいこん》する。

洗礼を受け、洗礼名の「ガラシャ」をもらう。

1600年

関ヶ原《せきがはら》の戦いが起こり、家臣の手を借りて自害する。

ここがポイント！ 用語解説

本能寺の変

京都の本能寺に滞在《たいざい》していた織田信《おだのぶ》長《なが》が家臣の明智光秀に攻《せ》め込《こ》まれた事件。信長は本能寺で包囲されたのを悟《さと》ると、寺に火を放ち自害した。

おさえておきたい！ 関連人物

明智光秀《あけちみつひで》（1528年？～1582年）

織田信長に長年仕えていたが、本能寺の変を起こした。本能寺の変ののち光秀はガラシャの嫁《とつ》ぎ先の細川家に援軍《えんぐん》の要請《ようせい》をしたが、細川家は仲間にならなかった。その後、豊臣《とよとみ》秀吉《ひでよし》に敗れる。あまりに短い天下だったため「三日天下」といわれる。

エピソード

離婚《りこん》、そして復縁《ふくえん》へ

本能寺の変によって反逆者の娘となってしまったガラシャは忠興に離婚され、京都の山に幽閉《ゆうへい》されてしまった。その後、秀吉に再婚が許され、再び忠興の正妻になった。しかし夫婦関係は冷《さ》めてしまったようである。

嫉妬深い夫

忠興は大変嫉妬《しっと》深く、男子禁制の奥に入った新参の若者を斬《き》り捨て、刀の血をガラシャの衣で拭《ぬぐ》ったという。ガラシャはそれを3、4日着続け「お前は蛇《へび》か」と言った忠興に「鬼の妻には蛇がお似合い」と答えたといわれる。夫婦関係は荒《すさ》んでいたようだ。

洗礼を受けてキリスト教徒に

幽閉時代からの「いと」という名の侍女《じじょ》がキリシタン（キリスト教徒）であった。ガラシャはもともと仏教徒として優《すぐ》れた女性だったが、次第《しだい》に改宗《かいしゅう》への思いを強くする。そしてついに自分の屋敷《やしき》の中でいとから洗礼を受け「ガラシャ」となった。

キリスト教の教えを守りながら死ぬ

秀吉の死後、秀吉の家臣である石田三成《いしだみつなり》と徳川家康《とくがわいえやす》が戦った関ヶ原の戦いが起き、夫の忠興は家康に味方した。三成はガラシャらを人質にしようとし、ガラシャはそれを拒《こば》むために自害を選ぶ。しかし自殺はキリスト教で禁じられていたため、家臣に殺させるという方法を取った。

戦国

淀殿／茶々

（よどどの）（ちゃちゃ）

生没年　1567年ごろ▼1615年

人物紹介

戦国武将・浅井《あざい》長政《ながまさ》の娘。母はお市《いち》の方《かた》。豊臣秀吉の側室《そくしつ》となり豊臣秀頼《ひでより》を産んだ。秀吉の死後、徳川家康《とくがわいえやす》と対立し、大阪夏の陣《じん》で秀頼とともに自害した。

豊臣秀吉《とよとみひでよし》によって波乱な人生を送った女性

おい立ち

1567年ごろ

浅井長政の長女として近江国《おうみ》（現在の滋賀県）で誕生。母は織田《おだ》信長《のぶなが》の妹・お市の方。呼び名はお茶々。

1573年

織田と浅井の同盟が決裂《けつれつ》し、戦となる父・長政が死去。

1582年

母・お市の方が柴田勝家《しばたかついえ》と再婚《さいこん》し、北荘《きたのしょう》城（現在の福井県）に入る。

1583年

豊臣秀吉に攻《せ》め込《こ》まれ、北荘城が落城。お市の方と勝家が死去。妹たちとともに秀吉のもとへ身を寄せる。

1589年

豊臣秀吉の側室となり、棄《すて》（鶴松《つるまつ》）を産む。

1591年

鶴松が死去。

1593年

拾《ひろい》（のちの豊臣秀頼）を出産。

1598年

豊臣秀吉が死去する。

1599年

秀吉の遺言《ゆいごん》により、秀頼とともに大阪城へ移る。

1600年

家臣の石田三成《いしだみつなり》が挙兵し、関ヶ原《せきがはら》の戦いが起こる。

1614年

大阪冬の陣が起こる。

1615年

大阪夏の陣が起こり、秀頼とともに自害。

エピソード

2度父親を失う

1度目は実の父・浅井長政を、2度目は母の再婚相手の柴田勝家を亡くした。2人の父を滅《ほろ》ぼしたのはどちらも豊臣秀吉の軍勢であった。

豊臣秀吉の側室・淀殿に

勝家の死後、豊臣秀吉に引き取られた茶々は17歳だった。その後23歳で秀吉の子を身ごもった。出産場所として淀城を与《あた》えられ、淀の女房《にょうぼう》、一般に淀殿と呼ばれるようになった。

2人の子を産む

秀吉には16人もの側室がいたというが、子宝にはあまり恵《めぐ》まれなかった。そのなかで淀殿は跡取《あとと》りとなる男児を2人出産している。間違《まちが》いなく側室の中で1番秀吉に愛された女性だった。

大阪城主へ

第1子・鶴松は3歳で亡くなった。第2子・拾はわずか5歳で元服《げんぷく》し、秀頼を名乗る。秀吉の死後、秀頼とともに大阪城に移った淀殿は、幼い秀頼に変わって実質的な大阪城主となった。

大阪の陣で自害

秀吉の死後、天下をめぐって徳川家康と対立する。大阪冬の陣が起こり、一度は和睦《わぼく》に持ち込んだものの、翌年に夏の陣が起こる。豊臣方は敗れ、淀殿と秀頼は櫓《やぐら》に火を放ち自害した。

コラム5 浅井《あざい》三姉妹（初《はつ》）（1570年ごろ？～1633年）

夫は戦国武将・京極高《きょうごくたか》次《つぐ》。豊臣秀吉《とよとみひでよし》の死後、大津城（現在の滋賀県大津市）城主となっていた高次が徳川家康《とくがわいえやす》に味方したため、石田三成《いしだみつなり》の西軍に攻《せ》め込《こ》まれ、初は高次とともに大津城を退《しりぞ》いた。

夫の死後は出家《しゅっけ》して常《じょう》高院《こういん》となる。

大阪の陣《じん》のさいは姉・淀殿《よどどの》のいる大阪城にとどまっていた。そのため父・浅井長政《あざいながまさ》の小谷《おだに》城、母を亡くした北荘《きたのしょう》城、大津城、そして大阪城と人生で4度の落城を経験した。

波乱の人生を生きた初だが、晩年は穏《おだ》やかに過ごせたようである。周囲からは慕《した》われていたようで、初が亡くなったとき、侍女《じじょ》7名が尼《あま》となったという。

コラム6

浅井《あざい》三姉妹（江《ごう》）（1573年〜1626年）

3代将軍・徳川家光《とくがわいえみつ》の生母、明正《めいしょう》天皇の祖母。お江与《えよ》、達子《たつこ》などの名も知られている。死後の法名は崇源院《すうげんいん》。

織田信長《おだのぶなが》に包囲されるなか、小谷《おだに》城で誕生。その後すぐに小谷城が落城し、父に会うことはなかったようだ。

12歳と20歳でそれぞれ結婚《けっこん》するも、いずれも数か月で離別《りべつ》、または死別している。3度目の結婚で2代将軍・秀忠《ひでただ》の正室となり、家光を始め2男5女をもうけた。

江の性格についてはほとんどわかっていない。夫の秀忠には側《そく》室《しつ》が少なかったが、これは江が許さなかったためだとも、江が子だくさんで側室が必要なかったためともいわれている。

歌《か》舞《ぶ》伎《き》の創始者である天下一の女性

人物紹介

女芸人。かぶきおどりを始めて大流行させ、歌舞伎の創始者となった。「出雲《いづも》阿国」として知られるが、出雲出身であるという根拠《こんきょ》はなく、近畿出身説もある。

戦国

阿国（おくに）

生没年　不詳

おい立ち

1581年

宮廷《きゅうてい》で獅子舞《ししまい》が行われ、前座としてややこおどりを披露《ひろう》する。このとき10歳前後か。

1585年

浜松《はままつ》城にて徳川家康《とくがわいえやす》に芸を見せる。

1588年

豊臣秀吉《とよとみひでよし》のおとぎ衆・梅庵《ばいあん》（大村由《おおむらゆう》己《こ》）に芸を披露する。

1591年

京都の北野天満宮《きたのてんまんぐう》で興行《こうぎょう》。その後も京での興行がいくつか記録に残っている。

1603年

京の町で阿国が行った「かぶきおどり」が大流行する。

1612年

阿国の一座と思われる者たちが宮《きゅう》廷《てい》でかぶきを演じる。

1629年

女かぶきが禁じられる。

ここがポイント！ **用語解説**

江戸幕府

1603年に徳川家康が江戸に開いた武家政権。徳川家によって治められ、約260年にわたって戦《いくさ》のない天下泰平《たいへい》の時代を作りあげた。

歌舞伎

「歌舞伎」となったのは明治時代以降。女性が主役では風俗《ふうぞく》を乱すという理由で女かぶきが禁止され、男性の芸能となっていった。

エピソード

ややこおどり

少女時代、少女だけで踊《おど》るややこおどりを披露していた。この興行の記録がいくつか残っている。

かぶきおどりの流行

阿国は出雲大社《いづもたいしゃ》の巫女《みこ》と名乗り、京の町で男装し「かぶき者」の格好《かっこう》をして、茶《ちゃ》屋《や》通いして女と遊ぶ様子を歌と踊りで演じて見せた。人々はこの舞台《ぶたい》を「かぶきおどり」と呼んで、大流行した。

家康との縁《えん》

家康の浜松城時代、阿国は家康の前で1度芸を披露している。家康が将軍となったあと、阿国は伏見《ふしみ》城の家康のもとへお祝いのために参上している。

出雲の出身じゃなかった？

阿国は出雲大社の巫女と名乗っていたが、裏付ける根拠はない。芸能者の起源のひとつに「異郷の強力な霊魂《れいこん》を携《たずさ》えてくる神」というのがあり、宮廷に出入りする芸能者は地方出身を名乗ることが多かった。中には地方出身と偽《いつわ》る者もいたはずで、阿国もそうでないとはいいきれない。

天下一の女

かぶきおどりの流行によって、阿国は天下一を名乗ることになった。かぶきおどりを創始したころ阿国はすでに若くはなかったが、芸人として積み上げてきたキャリアはかなり豊富だった。

三代将軍・家光《いえみつ》を育て上げ、大奥《おおおく》で権力をふるった乳母《うば》

江戸

春日局

（かすがのつぼね）

生没年　1579年▼1643年

人物紹介

江戸《えど》幕府を開いた徳川家康《とくがわいえやす》の孫で3代将軍・徳川家光の乳母（養育係）となった女性。家光が将軍になれるよう尽《じん》力《りょく》し、その後は江戸城大奥の礎《いしずえ》を築いた。

おい立ち

1579年

誕生。父は明智光秀《あけちみつひで》に仕えた斉藤利《さいとうとし》三《みつ》。本名は福《ふく》。

1582年

本能寺《ほんのうじ》の変。父・利三が処刑される。お福たちは母方の稲葉《いなば》家に保護される。

1591年

儀礼《ぎれい》に関する知識に優れた家に侍女《じじょ》として奉公《ほうこう》に上がる。

1595年

稲葉正成《いなばまさなり》の後妻となる。

1597年

長男を出産。正成との間に４人の男児をもうける。

1604年

４男を出産する。その直後、徳川家に竹千代《たけちよ》（のちの徳川家光）が誕生。正成と離縁し、竹千代の乳母となる。

1623年

家光が征夷大将軍となる。

1629年

京都で天皇に拝謁《はいえつ》し、「春日局」の称《しょう》号《ごう》を受ける。

1643年

病により死去。

おさえておきたい！関連人物

徳川家光《とくがわいえみつ》（1604年～1651年）

２代将軍・秀忠の次男。兄が早くに亡くなったため、祖父・家康の幼名である竹千代を与《あた》えられて長男のように育った。江戸幕府の支配体制を確立し、鎖国《さこく》を完成させた。

エピソード

竹千代の乳母に

当時、上流階級の家庭では産みの親ではなく、乳母が育てるのが一般《いっぱん》的であった。徳川秀忠《ひでただ》の次男・竹千代が生まれ、お福は竹千代の乳母になった。正成と離縁《りえん》し、長男のみを連れて江戸（現在の東京都）へ向かった。

七色飯《なないろめし》

生まれつき病弱だった竹千代に食事をとらせるため、毎回白米だけでなく麦飯、粟《あわ》飯、小豆《あずき》飯など７種類の飯を用意した。この「七色飯」は徳川の習慣として幕末《ばくまつ》まで続いた。

家康に直訴《じきそ》

病弱な竹千代と違《ちが》い、弟・国松《くにまつ》（のちの忠長《ただなが》）は健康そのもので、しかも賢《かしこ》かった。江戸城では「国松が後継者《こうけいしゃ》になるのではとの噂《うわさ》が流れ、焦《あせ》ったお福は家康の住む駿府《すんぷ》城（現在の静岡市）に行き、家《か》督《とく》争いを避《さ》けるためにどちらが次の将軍か決定してほしいと訴《うった》えた。

大奥女中総取締《じょちゅうそうとりしまり》に

この時代、どこの城も公的な空間を「表」、私的な空間を「奥」といった。江戸城の「奥」は特に広大であったことから「大奥」と呼ばれ、正室《せいしつ》・側室《そくしつ》のほか1000人以上の女中が仕えていた。乳母として家光から全幅《ぜんぷく》の信頼《しんらい》を寄せられていたお福は、この大奥の責任者である大奥女中総取締となった。

コラム7 大奥《おおおく》の女性たち

女の園《その》として知られる大奥は、将軍以外の男性の出入りは禁止されていた。奉公《ほうこう》する女性たちは「大奥法度《はっと》」という決まりを守らねばならず、大奥のことを一切《いっさい》外の人間に話してはいけなかった。

❖細かな役職

大奥女中には御年寄《おとしより》（女中たちのトップ。年齢《ねんれい》のことではない）を始めとして多くの役職があり、将軍に直接謁見《えっけん》できる「御目《おめ》見《みえ》」とそれ以下に分けられていた。大奥に仕えているからといって、すべての女中が将軍に会えるわけではなかったのである。

❖一生奉公《ほうこう》

大奥の女中たちは、原則として一生大奥に仕えることになっていた。ただし病気や高齢《こうれい》になったときはその限りではなかったし、将軍の代替《だいか》わりや仕えている主《あるじ》（御台所《みだいどころ》や側室《そくしつ》など）が死去したさいも辞《や》めることができた。また下級の女中は比較的《ひかくてき》辞めるのも簡単だったようである。その後は退職金や年金も支給された。

❖結婚前のステータス？

大奥には武家《ぶけ》の娘だけでなく、武家の紹介《しょうかい》で裕福《ゆうふく》な商人や農民の娘が奉公に上がることがあった。彼女たちは武家出身の女中たちのように出世が目的とは限らなかった。行儀《ぎょうぎ》見習《みなら》いとして仕え、数年で親元へ戻《もど》り良縁《りょうえん》を得ることも少なくなかった。

世界編

世界各地の様々な国や文化の中で輝いた女性たち。

王妃《おうひ》から女王となった古代エジプトの女性

人物紹介

古代エジプトのファラオ（王）。トトメス２世の王妃だった。夫の死後、トトメス３世の摂政《せっしょう》となったがのちに正式にファラオとなる。神殿《しんでん》などの建設事業を行った。

エジプト

ハトシェプスト

生没年　不詳▼紀元前１４５８年ごろ

おい立ち

紀元前 1510 年ごろか

誕生。父はトトメス 1 世。

紀元前 1479 年ごろ

夫のトトメス 2 世が死去。トトメス 3 世と共同統治者になる。

紀元前 1473 年ごろ

正式にファラオとなる。

紀元前 1458 年ごろ

死去。50 歳くらいだったといわれる。

ここがポイント！ 用語解説

エジプト文明

アフリカ大陸のナイル川周辺に起こった文明。ナイル川の豊かな水と、川が運ぶ肥《こ》えた土によって農業が発展し、砂漠《さばく》の鉱物《こうぶつ》資源にも恵まれた。古代エジプト王家は兄弟や親子など、家族間での結婚が多い。近親《きんしん》者《しゃ》同士の結婚は古来よりタブーだったが、王家は特別だった。エジプト神話の神々は近親婚《きんしんこん》が多く、王家は神と同格なのだから神々と同じようにする、という神話性があった。

紀元前《きげんぜん》の数え方

「西暦《せいれき》」はイエス・キリストの生年を 1 年として数える方法（ただし、イエスの生誕年は 4 ～ 6 年ごろと現在の研究では考えられている）。西暦 1 年を起点として、それより以前のことを「紀元前○年」と数える。古くなればなるほど数字は大きくなっていき、時代が新しくなるほど小さくなる。

エピソード

異母兄との結婚《けっこん》

ハトシェプストは異母兄と結婚した。この結婚でハトシェプストは娘を出産したが、息子には恵《めぐ》まれなかった。

継子《ままこ》と共同統治へ

夫のトトメス 2 世の死後、別の王妃が産んだトトメス 3 世が即位《そくい》した。彼はまだ幼く、また生母の地位が低かったため、ハトシェプストが共同統治者となった。最初は摂政《せっしょう》としてであったが、それから 7 年目に、正式にファラオとして即位《そくい》した。

男の格好《かっこう》

即位後のハトシェプストは、王妃ではなくファラオとしての自分を強調した。そのため即位後のハトシェプストの像や壁《へき》画《が》は、女性の顔と体つきでありながら男性の装飾《そうしょく》を身につけた姿となっている。中には男性の体で描《えが》かれたものもある。

存在を消された女王

ハトシェプストの死後、単独の統治者となったトトメス 3 世によってハトシェプストの名は壁画などから削《けず》られ、多くのハトシェプストの像が破壊《はかい》された。公的な歴史書からも存在が消されており、そうされた正確な理由はわかっていない。この「削除《さくじょ》」は徹底《てってい》されたものではなく、壁画に残された文章などから 19 世紀の終わりごろにハトシェプストの存在が明らかにされた。

エジプト

ネフェルティティ

生没年　不詳

人物紹介

アメンホテプ４世の王妃《おうひ》。名前から外国の王女という説もあったが、現在では否定されてエジプトの名家の出身といわれている。片目のない胸像《きょうぞう》が有名。

「美しい女性がきた」という名を持つ美女

おい立ち

紀元前 1353 年ごろ

夫のアメンホテプ 4 世が即位《そくい》。この前後に結婚《けっこん》していたとみられる。

紀元前 1348 年ごろ

アメンホテプ 4 世が宗教改革を始める。こののち、都をテーベからアケトアテン(「アテンの地平線」の意。現在のアマルナ)に移す。

紀元前 1341 年ごろ

このころ、次女が難産で死去する。このあとのネフェルティティの消息は不明。

紀元前 1336 年ごろ

アメンホテプ 4 世が死去。

おすすめの関連作品！

マンガ 『王家の紋章《もんしょう》』

細川智栄子あんど芙～みん 作／秋田書店

考古学が大好きな現代のアメリカ人女性・キャロルは古代エジプトにタイムスリップする。そこで暴君のファラオ・メンフィスと出会う。博学なキャロルはエジプトの人々を助け、いつしか「ナイルの娘」と呼ばれるようになる。

マンガ 『天《そら》は赤い河のほとり』

篠原千絵 作／小学館

体育が大好きな中学生・ユーリはある日突然、古代ヒッタイト帝国《ていこく》に召喚《しょうかん》される。皇妃《こうひ》に狙われるユーリを助けてくれたのは、皇子カイルだった。現代日本に帰すと約束してくれたカイル皇子とユーリは、お互いにひかれ合っていく。

エピソード

「美しい女性がきた」

ネフェルティティは「美しい人がきた」という意味で、異国人なのではという説があり、前ファラオ（王）に嫁《とつ》いだミタンニ出身のタドゥヘパ王女が改名したという学者もいた。しかしその後エジプトの名家の出身である証拠《しょうこ》が見つかった。

一神教へ

エジプトは多くの神を祀《まつ》る国だったが、夫・アメンホテプ４世は太陽神アテンを唯一神《ゆいいつしん》として宗教改革を行った。彼女もアテン神にちなんだ名に改名した。都をアケトアテンへ移したのも、宗教改革の一部だった。

ファラオと同じポーズ

発掘《はっくつ》された石碑《せきひ》に、捕虜《ほりょ》を打ちのめすネフェルティティの姿が描《えが》かれている。これは王の力をあらわす典型的なポーズであり、王以外がこのポーズで描かれるのは異例で、ネフェルティティがそれまでの王妃以上の権力を持った証拠である。

夫の棺《ひつぎ》にかたどられる

ネフェルティティは２番目の娘の死後、公の場から姿を消す。同じころ亡くなったのだとも、夫・アメンホテプ４世の愛を失ったのだともいわれる。だが夫の石《せっ》棺《かん》の四隅《よすみ》は伝統的な女神像ではなく、ネフェルティティの像で飾《かざ》られていた。アメンホテプ４世にとって間違《まちが》いなく重要な女性だったのである。

「黄金のマスク」で知られるツタンカーメン王の妻

人物紹介

古代エジプトの王妃《おうひ》。ツタンカーメン王の妻として知られる。若くして結婚《けっこん》、そして夫を亡くした。王位を守るために異国の王子と結婚しようとしたが、実現しなかった。

エジプト

アンケセナーメン

生没年　紀元前1344年ごろ▼不詳

おい立ち

紀元前 1344 年ごろ

アメンホテプ 4 世とネフェルティティの 3 女として誕生。のちに夫となるツタンカーメンとは兄弟。

紀元前 1336 年ごろ

父・アメンホテプ 4 世が死去。

紀元前 1332 年ごろ

夫のツタンカーメンがファラオ(王)になる。ツタンカーメンが宗教改革以前のアメン信仰《しんこう》を再開させ、都をテーベに戻《もど》す。

紀元前 1322 年ごろ

ツタンカーメンが死去。アイ(ネフェルティティの父でアンケセナーメンの祖父とみられる)が即位《そくい》する。

おさえておきたい！ **関連人物**

ツタンカーメン

(紀元前1342年ごろ～紀元前1322年ごろ)

古代エジプト第 18 王朝のファラオ。若くして王位につき、亡くなった。1922 年にエジプトの王家の谷(王家の墓が集まっている場所)で墓が発《はっ》掘《くつ》され、大きな話題となった。副葬《ふくそう》品《ひん》などが盗《ぬす》まれることなく、ほぼ完全なかたちで発見されたが、これは非常に珍《めずら》しいことだった。また黄金《おうごん》のマスクをつけていたという華《はな》やかさからも世界の注目を集めた。死因は長い間暗殺説が唱えられてきたが、近年の研究で事故死であったことが判明している。発見後、発掘に関わった人が相《あい》次いで亡くなり「王家の呪《のろ》い」と言われ話題となった。

エピソード

2 人の娘を失う

ツタンカーメン王の墓からは妊娠《にんしん》5 か月と出産時（あるいは直後）に亡くなった 2 人の胎児《たいじ》のミイラが発見された。これらはアンケセナーメンとツタンカーメンの娘といわれている。ほかに子宝には恵《めぐ》まれなかった。

夫の墓を彩《いろど》った 18 の壁画《へきが》

ツタンカーメン王は 20 歳くらいで事故死した。若すぎる死に、急ぎ用意されたツタンカーメンの墓はファラオのものとしてはかなり小さかった。いくつかの副《ふく》葬品《そうひん》は再利用、もしくは代用されたものであった。そんな中、墓の中で発見された黄金の祠《ほこら》に、夫婦生活が 18 の場面に描《えが》かれていた。幼いころに夫婦となった夫とは、仲むつまじかった様子である。

ヒッタイト帝国《ていこく》へ夫を願う

夫の死後、アンケセナーメンは勢力を争っていたヒッタイト帝国（現在のトルコ）の王に「王子の 1 人を夫に欲しい。自分の夫をファラオにする」という手紙を送った。王子はエジプトへ向けて出発したが、国境付近で殺されたようである。この犯人は特定されていない。

再婚《さいこん》したか？

ヒッタイト王子との結婚に失敗したあとのアンケセナーメンの消息は不明。即位したアイの妻になったという説もあるが、否定する説もある。

芸術の女《め》神《がみ》と並び称《しょう》されたギリシアの詩人

人物紹介

古代ギリシアの女流詩人。生前から活躍《かつやく》していたが、確かな記録は少なく、生涯《しょうがい》のほとんどは謎《なぞ》のままである。恋愛の詩を多く書いたことから、浮かれ女《め》のように噂《うわさ》された。

ギリシア

サッフォー

生没年　不詳

おい立ち

紀元前 600 ～ 550 年ごろ

この期間のどこかで活躍したといわれているが、詳細は不明。

ギリシアのレスボス島にて誕生。生涯のほとんどをこの島で過ごした。

紀元前 591 年ごろ

結婚《けっこん》と一人娘の出産はこのころか。

このころシチリアに亡命したともいわれている。

おすすめの関連作品！

神話『ギリシア神話』

古代ギリシアの神話。全能の神ゼウスをはじめ、神々や怪物《かいぶつ》、人間を描く。古代ローマに受け継がれ、ギリシア・ローマ神話として扱《あつか》うことも多い。ストーリーの多さはほかの神話を見ても際《きわ》立っており、文学的価値も高い。世界にキリスト教が広まるとギリシア神話は忘れ去られたが、中世のヨーロッパで再び注目される。さまざまな彫刻《ちょうこく》や絵画にも描かれ、芸術に影響《えいきょう》を与《あた》えた。

ここがポイント！用語解説

ギリシア文明

ヨーロッパ南東部のバルカン半島付近で起こる。紀元前 700 年ごろポリスと呼ばれる都市国家をつくり発展する。芸術や学問も発達し、のちのヨーロッパに影響を与えた。その後、都市国家の間で争いが起こり、マケドニアや古代ローマ帝国などの支配下に置かれた。

エピソード

10 番目のムーサ

サッフォーは哲学者《てつがくしゃ》プラトンによって10 番目の詩女神《ムーサ》と呼ばれた。ムーサとはギリシア神話に登場する芸術の女神で、9 柱存在するという。ギリシアで女流詩人といえばサッフォーのことをさすというくらい、生前から有名であった。

オリエンタルな島で育つ

サッフォーが産まれたレスボス島は、ギリシアの中では最もオリエント（中東地域）色が強い土地柄《とちがら》だった。当時のギリシア人からすればほとんど外国に近い感覚だったようだ。温暖《おんだん》で肥《こ》えた土を持つ豊かなこの島の環境《かんきょう》が、サッフォーの詩にも影響《えいきょう》を及《およ》ぼした。美女の島としても知られる。

恋愛の詩を描《えが》く

シチリアに亡命《ぼうめい》していたとみられることから、サッフォーが活躍した時代には政治的抗争《こうそう》や内紛《ないふん》があったようだが、サッフォーの詩にそれらはあまり反映《はんえい》されていない。女性ならではの感性によって恋愛に関する詩が多く作られた。

娼婦《しょうふ》のように噂《うわさ》される

恋の詩を書いたことから、恋多き女性、あるいは娼婦のようなイメージを持たれていた。女性が赤裸々《せきらら》に恋を語ると悪いイメージを持たれてしまうのは、日本の和泉式部《いずみしきぶ》にも見られ、どの国でも共通するところである。

祖国のために尽《つ》くしたエジプト最後の女王

エジプト

クレオパトラ

生没年　紀元前69年▼紀元前30年

人物紹介

エジプト最後の女王。ローマの支配者カエサルやアントニウスと次々に愛人関係になった。容姿は美しかったとも十人並《じゅうにんなみ》だったともいわれる。数か国語を話す才女だった。

おい立ち

紀元前 69 年

プトレマイオス 12 世の第 3 子として誕生。

紀元前 51 年

父・プトレマイオス 12 世が死去。弟・プトレマイオス 13 世と結婚《けっこん》し、共同統治者となる。

紀元前 48 年

ローマの支配者カエサルがエジプトに到着《とうちゃく》。愛人となる。

紀元前 47 年

カエサルに敗れたプトレマイオス 13 世が自害。弟・プトレマイオス 14 世と結婚。カエサルとの息子カエサリオンを出産。

紀元前 46 年

カエサリオンやプトレマイオス 14 世とともに、ローマに 1 年半滞在《たいざい》する。

紀元前 44 年

カエサルが暗殺される。エジプトに戻《もど》る。その後まもなくプトレマイオス 14 世が死亡。カエサリオンを共同統治者とする。

紀元前 41 年

ローマの軍人アントニウスの愛人となる。

紀元前 32 年

アントニウスと正式に夫婦となる。ローマとの関係が悪化し、戦争となる。

紀元前 30 年

アントニウスが自殺し、自らも自害する。

エピソード

ルーツはマケドニア

エジプトの女王だが、そのルーツはマケドニア（現在のギリシア、ブルガリア付近）人。この時代の王たちはギリシア語を話し、ギリシア風の生活をしていた。その中でクレオパトラは民衆に寄り添《そ》うためにエジプト語を話し、エジプトの装《そう》飾品《しょくひん》を取り入れた。

夫と対立、ローマに助けを求める

異母弟であるプトレマイオス 13 世と結婚したとき、夫はまだ 10 歳だった。共同統治者とは名ばかりで、17 歳のクレオパトラがほとんど実権を握《にぎ》った。しかしやがて夫の側近たちと敵対関係となる。クレオパトラは後ろ盾《だて》として、当時勢力を広げていたローマを頼《たよ》った。

寝具袋《しんぐぶくろ》に忍《しの》ぶ

ローマの将軍カエサルから出頭命令が出たとき、クレオパトラは夫に待ち伏《ぶ》せされ、暗殺されることを恐《おそ》れた。寝具袋の中にひそみ、夜のうちにカエサルのもとへ運ばせた。そしてカエサルに会うことができ、彼を愛人にして味方につけた。

最期《さいご》はコブラに噛《か》ませた？

ローマとの争いによって追い詰《つ》められていたとき、クレオパトラが自殺したという誤報を聞いたアントニウスが自害する。夫が死に、クレオパトラはローマの人質《ひとじち》になるのを避《さ》けるため、猛毒《もうどく》を持つコブラに噛ませて自殺したといわれる。

コラム8

7人のクレオパトラ

クレオパトラは少なくとも7人いたということを知っているだろうか。影武者《かげむしゃ》などで同時に7人存在していたというわけではなく、同名の女王が7人エジプトの歴史に登場する。しかもファラオになった「クレオパトラ」だけで7人。同名の王妃《おうひ》などを入れればもっと多い。本書で取り上げたエジプト最後の女王は、正式にはクレオパトラ7世。彼女がずば抜《ぬ》けて有名なため、一般的には「クレオパトラ」といえばクレオパトラ7世のことをさす。クレオパトラ7世の娘にも同名の女性がいた。

❖クレオパトラ1世

クレオパトラ1世はシリアの王女であった。10歳のとき、同じ年ごろのファラオ・プトレマイオス5世と結婚《けっこん》する。エジプトとシリアに対するローマ帝国からの干渉《かんしょう》を避《さ》けるためであった。

クレオパトラ1世は夫との間に2人の息子と1人の娘（のちのクレオパトラ2世）をもうけた。夫の死後、幼くしてファラオとなった息子プトレマイオス6世の共同統治者となって権力を握《にぎ》った。外国出身の王妃であり女王であったクレオパトラ1世だったが、王家の中で尊敬《そんけい》を集める存在だった。

❖クレオパトラ2世

クレオパトラ1世が亡くなると、プトレマイオス6世の姉であったクレオパトラ2世は、弟の摂政《せっしょう》であった臣下の思惑《おもわく》により弟と結婚した。シリアで夫が戦死すると、同じく兄弟のプトレマイオス8世と結婚した。

❖クレオパトラ3世

クレオパトラ2世とプトレマイオス6世の娘。叔父《おじ》であり継《けい》父《ふ》でもあったプトレマイオス8世の妻となった。母と娘が同時に王妃になったのである。のちに息子プトレマイオス10世の共同統治者になったが、どうやらこの息子に殺されたらしいことがわかっている。

❖クレオパトラ4世

プトレマイオス9世の妹で妻。クレオパトラ・セレネという同名の妹もプトレマイオス9世の妻で、クレオパトラ・セレネをクレオパトラ5世とする説もある。この2人の妻は夫より長生きしたが、無残に殺された。

❖クレオパトラ5世

プトレマイオス12世の妹で妻。5～6人の子供をもうけたといわれており、そのうち娘は3～4人。その中の2人がクレオパトラ6世と7世といわれている。

❖クレオパトラ6世

クレオパトラ5世の娘だったといわれているが、実はクレオパトラ5世と6世は同一人物であるという説もある。いずれにせよすぐに歴史の記録からいなくなってしまうため、早くに亡くなったと考えられている。

ローマ帝国

アグリッピナ

生没年　15年▼59年

ローマの暴君《ぼうくん》ネロを産んだ悪女

人物紹介

暴君の代名詞ともなっているローマ皇帝《こうてい》ネロの生母。同じ名前の母と区別するため、小アグリッピナとも呼ばれる。野心家で、多くの男性を誘惑《ゆうわく》した悪女として知られる。

おい立ち

15年

ローマ帝国《ていこく》初代皇帝のひ孫として誕生。

28年

結婚《けっこん》。

37年

息子ネロを出産。

41年

夫が急死し、未亡人となる。

49年

第4代皇帝クラウディウスと再婚《さいこん》。

50年

息子のネロをクラウディウス帝《てい》の養子にする。

54年

クラウディウス帝を暗殺する。ネロが第5代皇帝となる。

59年

ネロが差し向けた兵によって殺害される。

おさえておきたい！関連人物

ネロ（37～68年）

ローマ皇帝（在位54年～68年）。少年のころから芸術に関心があり、詩を作ったり民衆の前で竪琴《たてごと》を弾《ひ》いたりした。皇帝になって最初のころは善良な政治を行っていたが、母アグリッピナを殺させたあたりから次第《しだい》に暴君にかわっていく。きさきや側近をも死に追いやった。64年、ローマ市大火の罪をキリスト教徒になすりつけて大量虐殺《ぎゃくさつ》を行った。最期《さいご》は反乱が起き、自殺した。

エピソード

「殺されたってかまうものか！」

ネロを妊娠《にんしん》していたとき、アグリッピナは占《うらな》い師に子の将来を占わせた。占い師は「子はやがて皇帝になるが、母を殺すだろう」と予言した。この予言にアグリッピナは喜び、「子が皇帝になるのならば殺されたってかまうものか！」と叫《さけ》んだという。

法を変えさせた野心家

アグリッピナは34歳のとき、皇帝クラウディウスと再婚した。だがこの皇帝はアグリッピナにとっては叔父《おじ》にあたり、当時のローマの法律では叔父と姪《めい》の結婚は許されていなかった。それをアグリッピナは皇帝の側近に近づいて根回しをさせ、ついに法律を改正させてこの結婚を実現させた。

夫を毒殺

アグリッピナは息子のネロを皇帝にするべくあらゆる手を尽《つ》くした。しかし夫のクラウディウス帝には実の息子がいた。夫がネロではなくその息子を後継者《こうけいしゃ》にしようとしているのを知って、アグリッピナは夫を毒殺して阻止《そし》した。

予言通りの最期《さいご》

アグリッピナは皇帝となったネロを自分の意のままに操《あやつ》ろうとしたが、ネロはそれに反発するようになっていった。母親を疎《うと》んだネロに兵士を送り込《こ》まれ、アグリッピナは殺されてしまった。

ローマ帝国

ヒュパティア

生没年　370年▼415年

信念を貫《つらぬ》いた悲劇の科学者

人物紹介

ローマ帝国《ていこく》領だったエジプトの数学者・天文学者・哲学者《てつがくしゃ》。生徒の信仰《しんこう》に関係なく講義をし、人々の尊敬を集めた。そのせいでキリスト教徒の反感を買い、虐殺《ぎゃくさつ》された。

おい立ち

370年

アレクサンドリア（現在のエジプトの都市。当時はローマ帝国領）で誕生。

400年

アレクサンドリアの学校の校長となる。

412年

キリスト教の大司祭《だいしさい》キュリロスが就任。異教徒《いきょうと》の迫害《はくがい》が強まる。友人オレステスから改宗するよう頼《たの》まれるが拒否《きょひ》。

415年

キリスト教徒によって殺害される。

おすすめの関連作品！

マンガ **『テルマエ・ロマエ』**

ヤマザキマリ 作／エンターブレイン

古代ローマ帝国が舞台。テルマエ（公衆浴場）を専門とする設計技師ルシウスは、自分の設計が採用されず悩《なや》んでいた。そんなときローマのテルマエから現代日本の銭湯《せんとう》にタイムスリップする。そこで得た知識やアイデアを元に、ルシウスはたちまち人気技師となっていく。

ここがポイント！用語解説

古代ローマ帝国

西洋における古代最大の帝国。世界各地の都市からローマへの道が造られたことから、「全ての道はローマに通ず」ということわざがある（目的までの手段は何通りもあること）。

エピソード

科学は悪の時代

ヒュパティアが産まれた当時のローマ帝国は、キリスト教が広まっていた。キリスト教の考えと異なる理論を展開する科学は異教であり邪悪《じゃあく》であるとされた。

教育パパに育てられる

ヒュパティアの父は娘の教育に熱心だった。女性の人権が否定される時代の中にあって、娘を完璧《かんぺき》な人間にしようとした先進的な人物だった。そんな父のもと成長したヒュパティアは数学と哲学の教師となる。信仰する宗教によって学校が分けられていたが、ヒュパティアは信仰に関係なく人々を教えた。生徒たちからは人気があったようだ。

失われた著書

ヒュパティアは様々な著作をテキストとして執筆《しっぴつ》したが、そのほとんどが現代では失われている。その内容の一部は弟子の残した手紙からうかがうことができる。

異教徒として惨殺《ざんさつ》される

ローマ帝国のエジプト長官オレステスはヒュパティアの友人であった。彼はキリスト教徒であったが、大司祭キュリロスとの仲はあまりよくなかった。人々はオレステスとキュリロスの対立はヒュパティアのせいだと噂《うわさ》した。帰宅途中《とちゅう》のヒュパティアは馬車から引きずりおろされ、無残な方法で殺害された。犯人はキュリロスの教会の者たちだった。

美貌《びぼう》と策略《さくりやく》で国を思いのままにした悪女

中国（唐）

武則天／則天武后

（ぶそくてん）
（そくてんぶこう）

生没年　624年▼705年

人物紹介

美貌で皇帝《こうてい》を惑《まど》わし、わが子でさえ殺すことをいとわなかった残忍《ざんにん》な女性。皇帝を思いのまま操《あやつ》ったが、ついに自らが即位し、中国史上初の女帝《じょてい》として独裁《どくさい》政治を行った。

おい立ち

624年

商家に誕生。本名は武照《ぶしょう》。

637年

皇帝・太宗《たいそう》の後宮《こうきゅう》に入り、最も位の低いきさきとなる。

649年

太宗が死去。出家して尼《あま》となる。

その後、皇帝・高宗《こうそう》との子を身ごもり、後宮に入る。男児を出産。

655年

前皇后を陥《おとしい》れ、自らが皇后《こうごう》となる。

674年

高宗を天皇、皇后を天后と改称《かいしょう》させる。

683年

高宗が死去。3男の中宗《ちゅうそう》が即位《そくい》するが、すぐさま4男に後を継《つ》がせる。

690年

国号を周《しゅう》と改め、聖神《せいしん》皇帝として即位する。

705年

クーデターが起き、中宗に譲位《じょうい》させられる。国号が唐《とう》へ戻《もど》される。

死去。

ここがポイント！ 用語解説

中国三大悪女

本書で紹介した武則天・西太后《せいたいこう》に呂《りょ》雉《ち》という女性の3人で中国三大悪女と呼ばれる。呂雉は漢を建国した劉《りゅう》邦《ほう》の皇后。呂后《りょこう》とも呼ばれる。夫の死後、即位した息子の後ろ盾《だて》となって実権を握り、ライバルたちを暗殺した。

エピソード

暴れ馬を調教する

皇帝に贈《おく》られた名馬は暴れ馬で、誰《だれ》も乗りこなせなかった。そんな中、武則天が名乗り出て、鉄の鞭《むち》と棍棒《こんぼう》を使い、殴《なぐ》ってもだめなら殺してしまえという荒々《あらあら》しい方法で馬を調教したという。

美貌で皇帝を惑《まど》わす

最初の夫・太宗の後宮では最下層《さいかそう》のきさきだったが、その美貌で太宗の息子の高宗とも関係を持った。太宗が病没《びょうぼつ》したあとも関係は続き、高宗の子を身ごもったことで、後宮に返り咲《ざ》いた。

非道な方法で皇后に

高宗にはすでに皇后がいた。武則天は自分の娘を皇后の仕業《しわざ》に見せかけて殺害した。さらに高宗を呪《のろ》い殺そうとしたという罪まで皇后にかぶせ、ついに自らが皇后となった。

宮廷《きゅうてい》を思いのままに

高宗の死後、皇帝となった息子・中宗を操《あやつ》り独裁体制を整えていった。そのため自分の思い通りにならなかった中宗を2か月もしないうちに廃位《はいい》してしまった。

残酷《ざんこく》な皇后

武則天は気に入らない人間を次々殺害したことでも知られる。それは臣下にとどまらず、姉妹やわが子にも及《およ》んだ。武則天が殺害したのは親族だけでも70人以上、臣下も30人以上にのぼるという。

中国（唐）

楊貴妃

（ようきひ）

生没年　719年▼756年

国を傾《かたむ》けた絶世の美女

人物紹介

皇帝《こうてい》・玄宗《げんそう》の貴妃《きひ》（皇后に次ぐ位のきさきの称号《しょうごう》）。楊《よう》は姓。優《すぐ》れた皇帝だった玄宗が楊貴妃を愛しすぎて国を傾けたため、傾国《けいこく》の美女といわれる。

おい立ち

719年

役人の娘として誕生。

735年

皇帝の息子・寿王《じゅおう》のきさきとなる。

740年

皇帝・玄宗に見初《みそ》められる。

746年

玄宗の後宮《こうきゅう》に入り貴妃となる。これにより親族が次々に出世する。

747年

安禄山《あんろくざん》という男性と出会い、のちに養子にする。

755年

安禄山が反乱を起こす。

756年

玄宗らとともに都を脱出する。
死去。

ここがポイント！ 用語解説

唐

隋《ずい》の次に中国を統一して618年に建国。都は長安《ちょうあん》。日本とは隋の時代から国交があり、日本から遣唐使《けんとうし》が訪れていた。日本の平城京《へいじょうきょう》や平安京は長安を参考に造られたほか、制度や名称《めいしょう》など様々な面で日本に影響《えいきょう》を与《あた》えた。朝鮮《ちょうせん》半島にあった日本の同盟国であった百済《くだら》を唐が滅ぼしたため一時敵国となったものの、やがて遣唐使の派遣《はけん》が再開された。894年に菅原道真《すがわらのみちざね》によって遣唐使が廃止《はいし》され、それ以降は長い間、国家としての交易はなかった。907年に滅亡《めつぼう》した。

エピソード

義理の父の妻に

最初は玄宗の息子の妻であったが、美しすぎる楊貴妃は玄宗の目に留《と》まった。玄宗は楊貴妃より34歳も年上だった。

ライチが大好き

ライチは当時、珍《めずら》しいフルーツだった。玄宗は楊貴妃のためにライチを取り寄せた。冷凍《れいとう》技術もなく、ライチを新鮮《しんせん》なまま運ばせるのは手間《てま》のかかることだった。

年上の養子

楊貴妃は安禄山という軍人を養子にしたが、楊貴妃より15歳ほど年上だったといわれる。安禄山は9か国語を話すことができ、玄宗にも気に入られていた。

いとこと養子の対立

楊貴妃のいとこで宰相《さいしょう》になった楊国忠《こくちゅう》という男性が、安禄山の出世に危機感を持つ。玄宗に「安禄山は謀反《むほん》を企《くわだ》てている」と話し、安禄山の部下を左遷《させん》するなどした。これに耐《た》えかねた安禄山が本当に反乱を起こしてしまった。

夫の命令で死へ

反乱が起きたさい、「この反乱は楊一族、つまりは楊貴妃が引き起こしたものだ」と兵たちの怒《いか》りの矛先《ほこさき》が楊貴妃へと向かった。最初は楊貴妃をかばった玄宗だったが、兵たちの怒りを抑《おさ》えきれなかった。玄宗に命じられた部下によって、楊貴妃は首を絞《し》めて殺されてしまった。

人物紹介

インドの女性スルタン（イスラム教国の君主）。兄弟の誰《だれ》よりも優《すぐ》れていたため後継者《こうけいしゃ》になった。男装で象に乗り、王位のために敵と結婚《けっこん》するなど、大胆《だいたん》な行動が多かった。

初の女性スルタンとなった男装麗人《れいじん》

インド

ラズィーヤ

生没年　不詳▼1240年

おい立ち

1229年

父に後継者に指名される。

1236年

父が死去。兄（弟）が即位《そくい》するも、これを退けてラズィーヤが即位。

1239年

反乱が起こり、監禁《かんきん》される。

1240年

結婚。

死去。

ここがポイント！ 用語解説

インド

インダス川流域にインダス文明が栄えた。仏教の発祥の地として知られるが、現在はヒンドゥー教が大半を占《し》める。世界第2位の人口をほこり、多様な民族や宗教の人々が暮らす。

1206年～1290年はインド史上初めてイスラム王朝が支配した時代。もとはトルコ系の奴隷《どれい》軍人だったため、日本語では奴隷王朝とも訳される。女性君主はほかのトルコ系王朝を見ても珍《めずら》しかった。

その後いくつか別の国がおこり、1526年にモンゴルに由来するムガル帝国《ていこく》が建国される。ムガル帝国は1858年まで続いた。

ボリウッド

インドは映画大国として有名。ボリウッドとは映画の盛んなインドの地ムンバイの旧名「ボンベイ」とアメリカ映画産業の地「ハリウッド」を合わせた言葉。

エピソード

男よりスルタンにふさわしい女性

父には息子が多くいたが、その誰もがスルタンにふさわしくないとして、長女のラズィーヤを後継者に指名して亡くなったという。しかし女子が即位することへの反感は根強かった。

「私の首をはねなさい」

兄（弟）が即位したさい、ラズィーヤは不当な扱《あつか》いを受けた人が身につける赤い服を着て、人々に助けを求めた。「男より優れていることを証明できなければ、我が首をはねよ」と言ったという。

男装のスルタン

ラズィーヤは男性の服を着て象にまたがった姿を人々に見せつけた。即位後も女性であることを理由に反対が続いていたからと考えられている。

王位のために結婚

1239年に反乱が起きたさい、ラズィーヤは敵に監禁《かんきん》されてしまった。その間に弟が王位につき、ラズィーヤは王位を奪《うば》い返すためになんと反乱の首謀者《しゅぼうしゃ》と結婚し、弟の軍に立ち向かった。しかしこの戦いには負けてしまった。

最期《さいご》

弟に敗れたあと、ラズィーヤは身につけた高価な衣服を狙《ねら》った農民に殺されたという。捕《と》らわれ、弟の命令で処刑《しょけい》されたとの説もある。

フランス

クリスティーヌ・ド・ピザン

生没年　1365年ごろ▼1430年

女性の地位向上《こうじょう》を訴《うった》え 論争《ろんそう》を巻き起こした女流文学者

人物紹介

パリの宮廷《きゅうてい》で活動した詩人でイタリア人文学者。フランス文学最初の女性職業文筆家といわれる。女性の地位についての“薔薇《ばら》物語論争”は多くの人文学者を巻き込《こ》んだ。

おい立ち

1365年ごろ

このころ誕生か。生まれはベネチア（イタリア）。

1379年ごろ

結婚《けっこん》。3人の子どもをもうける。

1390年ごろ

夫と父が相《あい》次いで死去。職業作家として生計を立てる。

1404年

伝記『賢王《けんおう》シャルル5世善行の書』刊行。

1429年

詩『ジャンヌ・ダルク讃《さん》』刊行。

1430年

死去。

ここがポイント！用語解説

「薔薇物語論争」

『薔薇物語』は1200年代にフランス語で書かれた寓話的作品である。語り手である「わたし」が愛の神に矢で射《い》貫《ぬ》かれるという物語。「目から心臓に突き刺さる矢」というのは中世ヨーロッパにおいて見た目から恋に落ちることをあらわす。この作品は宮廷風恋愛のハウツー本ともとれるものだった。女性をある種の型にはめて、思い通りに動かそうというのだ。それを批判《ひはん》したのがクリスティーヌだった。クリスティーヌは『薔薇物語』における女性に対する差別的な内容を攻撃《こうげき》した。対して『薔薇物語』に同調する人も現れ、「薔薇物語論争」が起こったのである。

エピソード

パリで育つ

イタリアのベネチア生まれだが、父がパリの宮廷に仕える占星《せんせい》学者で医師だったため、4歳からパリで育つ。この時代の女性には珍《めずら》しく、父に養育《よういく》された。

「男になる」決意

25歳のとき夫と父を相次いで亡くし、3人の子どもをかかえたクリスティーヌは生活のために執筆《しっぴつ》を始める。再婚《さいこん》という道を選ばず、職業作家として生きることは当時の女性には珍しく、男性のように強く生きる決意をしたのだった。

多才な文学者

クリスティーヌは詩や愛の問題を扱《あつか》う数十編の作品だけでなく、歴史、哲学《てつがく》、道徳、政治など広いジャンルの作品を残した。依頼《いらい》されて伝記なども執筆した。

女性の地位向上を訴える

女性の地位が低かった当時、13世紀ごろに書かれた反フェミニズム的な論調の『薔薇物語』という寓話《ぐうわ》が存在した。クリスティーヌはこれに抗議《こうぎ》する書も執筆し、女性への公正さを求めた。

『ジャンヌ・ダルク讃』

当時は百年戦争の真っただ中であり、ジャンヌ・ダルクがオルレアンを解放《かいほう》した年、彼女をたたえる詩を発表した。この詩を最後に、翌年クリスティーヌは亡くなった。

神の声を聞き戦場で戦った聖女

フランス

ジャンヌ・ダルク

生没年　1412年ごろ▼1431年

人物紹介

神の声に従いフランス軍を指《し》揮《き》し、百年戦争に参加。「オルレアンの乙女《おとめ》」とも呼ばれる。異端者《いたんしゃ》として火あぶりになったが、後世その名誉《めいよ》は回復され聖女となった。

おい立ち

1412年ごろ

誕生。

1425年

神の声を聞き始める。

1428年

イギリス軍によるオルレアン包囲《ほうい》開始。

1429年

フランス王太子《おうたいし》に謁見《えっけん》。

ジャンヌが指揮し、イギリス軍を破ってオルレアンを解放する。

1430年

敗戦し、敵に捕《つか》まる。

1431年

異端審問《しんもん》により死刑《しけい》判決。火あぶりとなる。

1445年

百年戦争がフランスの勝利で終結。

ここがポイント！ **用語解説**

キリスト教と魔女《まじょ》

ほうきにまたがって魔女集会に出かけ、悪魔《あくま》と交わり、妖《あや》しげな術を使うといった現代の魔女イメージは、中世ヨーロッパのキリスト教によって作られた。キリスト教は魔女裁判を行い、多くの女性を魔女として処刑した。ジャンヌの異端審問は厳密《げんみつ》には魔女裁判ではなく、魔女狩りがはじまるのはもう少しあとの時代である。魔女裁判にかけられた女性たちは拷問《ごうもん》によって自白を強要させられた。犠牲者《ぎせいしゃ》の数は正確にはわからず、10万人という説もある。

エピソード

神の声に導かれる

農家に生まれたジャンヌは村の教会によく通い、ミサにはすべて参加していた。13歳のころ、神の声を聞くようになる。

民衆に好かれる

ジャンヌは「声」に従ってフランスの王太子に会うため、城の守備《しゅび》隊長を頼《たよ》った。交渉《こうしょう》のため城下町に滞在《たいざい》中、住民たちは神の声を聞くジャンヌを神の使者だと信じ、慕《した》った。やがて王太子のもとへ行くことが許されるが、敵の領地《りょうち》を通って行かねばならず、民衆《みんしゅう》はジャンヌのために男性の服装を用意した。

フランス王太子を見つけ出す

ジャンヌは、王太子や側近らに疑《うたが》いの目で見られた。そのため最初の謁見のとき、王太子は身代わりを立てた。ジャンヌは王太子の顔を知らなかったが、すぐさま偽物《にせもの》だと気づき、立ち合った者たちの中から王太子を見つけ出したという。

異端から聖女へ

捕虜《ほりょ》となったジャンヌは、異端審問を受けた。ジャンヌが「声」の主を信じ、しばしば教会に従わなかったことや、聖書が禁じている男装をしていたことなどから、「声」は悪魔《あくま》ではないかとの疑いがあった。この裁判《さいばん》は3か月続き、ジャンヌは異端者として処刑《しょけい》された。後世なって再度審議《しんぎ》され、ジャンヌは無実となった。

コラム9

百年戦争

百年戦争はフランスとイギリスの間で100年以上にわたって続けられた戦争のことである。その理由は1つではなく、フランスの王位継承《けいしょう》問題や、羊毛やブドウの貿易《ぼうえき》問題などがあった。そしてその戦場のほとんどはフランスであった。

❖始まり

発端《ほったん》はイギリスのエドワード3世がフランスの王位を求めたことにあった。1328年、フランス王が男児を残さず亡くなり、いとこがフィリップ6世として即位《そくい》した。これに異を唱えたのが、フランス王女を母に持つエドワード3世である。だがエドワード3世はフランスの王位継承からは外され、臣下としてフィリップ6世の王位を認めざるを得なかった。

しかし1337年、フィリップ6世はエドワード3世がフランスに持っていた領地アキテーヌなどを没収《ぼっしゅう》することを宣言する。これを受けてエドワード3世は臣下の礼を撤回《てっかい》し、自らが正当なフランスの王位継承者であるとしてフィリップ6世に宣戦布告する。これが百年戦争の始まりであった。

❖休戦

1347年、ローマ教皇の仲裁によって休戦が成立した。この休戦は1355年まで続く。この背景には、黒死病《こくしびょう》（ペスト）という感染症の流行があった。西ヨーロッパの人口が3分の2まで減ったという。戦争どころの話ではなくなっていたのである。

❖オルレアン包囲戦

　ジャンヌ・ダルクが活躍《かつやく》するオルレアン要塞《ようさい》の包囲は、1428年に始まった。オルレアンがイギリスの手に落ちればシャルル王《おう》太子《たいし》（のちのシャルル７世）はもう亡命するほかないのでは、というほどにフランスは追い詰《つ》められていた。王太子が勝利を願って神に祈《いの》りを捧《ささ》げたというエピソードもある。

　オルレアンは陥落《かんらく》寸前だった。そこに現れたのがジャンヌ・ダルクである。ジャンヌは自ら剣を振《ふ》り回して戦ったわけではなかったが、甲冑《かっちゅう》に身を包み、聖母マリアと聖人が描《えが》かれた旗を振り、兵の士気を上げるのに大いに貢献《こうけん》した。そうしてジャンヌ率いるフランス軍はイギリスを撃退《げきたい》し、オルレアンを解放した。

❖決着

　1431年、シャルル７世はイギリスと同盟を結んでいたブルゴーニュを、フランスに味方させることに成功する。その後決戦に挑《いど》むかと思われたが、シャルル７世は慎重《しんちょう》に、だが着実にイギリスに占領されていた領地を奪《うば》い返していった。

　そして最後の戦いとなったのがボルドー包囲戦である。ボルドーは百年戦争の発端となったアキテーヌ領の都市である。1451年にフランスはボルドーを陥落させたが、翌年にはイギリス軍に奪い返されてしまう。そして1453年、ついにフランスはボルドーを再陥落。これが百年戦争の終結であった。

冒険《ぼうけん》家《か》コロンブスを後援《こうえん》したスペインの女王

人物紹介

カスティーリャ王国（現在のスペイン）の女王。夫とともにスペインの創始者となった。キリスト教によって政治を行い、「カトリック女王」とも呼ばれた。

スペイン

イサベル1世

生没年　1451年▼1504年

おい立ち

1451年

カスティーリャ王女として誕生。

1454年

父のファン2世が死去。兄のエンリケ4世が即位《そくい》。

1469年

1歳下のアラゴン王子フェルナンドと結婚《けっこん》。

1474年

兄エンリケ4世が死去。イサベル1世が即位。

1479年

夫のフェルナンドがアラゴン王となる。これによりカスティーリャとアラゴンが統合され、スペイン連合王国が成立。

1486年

冒険家コロンブスより、航海のための資金援助《えんじょ》の申し入れがある。

1496年

夫のフェルナンドとともにローマ教皇より「カトリック両王」の称号《しょうごう》を与《あた》えられる。

1504年

死去。

おさえておきたい！ 関連人物

コロンブス（1451年～1506年）

イタリア出身の航海者。10代から父の仕事で航海に出ていた。西インド諸島（南北アメリカ大陸に挟《はさ》まれた場所）に到達《とうたつ》したことをコロンブスは死ぬまでインドに到達したと信じていた。

エピソード

「新大陸」の発見を支援《しえん》する

当時ヨーロッパにとってアジアのいくつかはまだ発見されていなかった。新しい土地や物産を開拓《かいたく》しようとするコロンブスの冒険へ投資することに側近の誰《だれ》もが消極的だったが、イサベルは援助を決めた。その結果コロンブスは大西洋を渡って西インド諸島へ到達し、その土地はすべてイサベルのものとなった。

弟の死によって王位継承者《けいしょうしゃ》に

イサベルには兄と弟がいたため、王位からは遠い存在だった。しかし内戦中に弟が急死する。兄のエンリケは娘のファナに王位を譲《ゆず》りたかったが、家臣の反対があり、イサベルは正式な王位継承者として認められた。

ひそかな結婚式

イサベルは結婚相手に同じカスティーリャ語を母語とするアラゴン王国のフェルナンド王子を選んだ。しかし兄エンリケはイサベルをポルトガルへ嫁《とつ》がせようとする。イサベルはエンリケが旅に出た隙《すき》に王子とひそかに結婚してしまった。

カトリック女王

イサベルは熱心なキリスト教徒だった。スペインからイスラム勢力を退《しりぞ》け、ユダヤ教徒を追放した。キリスト教に尽《つ》くしたとして夫とともに「カトリック両王」の称号を与えられたイサベルだったが、異教徒にとっては迫害者《はくがいしゃ》であった。

数々の名画に描《えが》かれたとされる美女

イタリア

シモネッタ

生没年　1453年▼1476年

人物紹介

イタリアの商人の妻。数々の画家に影響《えいきょう》を与《あた》えたとされるが、その生涯《しょうがい》についてはほとんど不明。どの絵画の女性がシモネッタかについて、長年議論《ぎろん》が続けられている。

おい立ち

1453年

ジェノバの商家に誕生。

1459年

実家が没落《ぼつらく》する。

1469年

結婚《けっこん》。フィレンツェに移住する。

1476年

死去。

ここがポイント！ **用語解説**

メディチ家

メディチ家はもとは薬屋で、ローマ教皇《きょうこう》庁や諸国の国王たちに金を貸す金融《きんゆう》業者だった。14、15世紀には世界各地に支店を開設し、勢力を広げた。やがて教皇となる者が現れ、経済だけでなく宗教的な権力も手にした。芸術家の支援《しえん》なども行い、多方面で当時のイタリアや世界に影響を与えた家柄《いえがら》である。

ルネサンス

文芸復興とも訳される。古代ギリシア・ローマ文化を復活させようという運動で1300年代からイタリアで始まり、ヨーロッパに広まった。教会中心の世界観を離《はな》れ個性の尊重などを主張し、学問・芸術面だけでなく政治や宗教にも影響を及《およ》ぼした。近代ヨーロッパ文化の基礎《きそ》にもなった。またこの運動が行われた1300年代〜1500年代の時代のことをさす場合もある。レオナルド・ダ・ビンチをはじめ、多くの画家や音楽家、思想家などが活躍《かつやく》した。

エピソード

絶世の美女

シモネッタはフィレンツェ1の美人として有名だった。その母もジェノバ1の美人といわれていたようだ。

家のために嫁《とつ》ぐ

シモネッタは16歳でベスプッチ家に嫁ぐ。名門ではないが、メディチ家と手を結んで手広い商売をする家で、没落した家を助けるための結婚だった。夫は虚栄《きょえい》心《しん》が強く、金遣《かねづか》いが荒《あら》かったという。

噂《うわさ》の恋人？

シモネッタはメディチ家の貴公子《きこうし》ジュリアーノと愛人関係だったといわれている。シモネッタを深く愛したジュリアーノは、シモネッタの死後、彼女によく似た女性を愛したという。

名画に描かれる

イタリアの画家ボッティチェリの作品『ビーナスとマルス』のビーナスはシモネッタがモデルといわれる。また画家で発明家のレオナルド・ダ・ビンチによるシモネッタのデッサンとされる絵も残されている。ほかにもシモネッタがモデルとされる絵画がいくつも残されており、研究者たちの論争の的《まと》となっている。

23歳の若さで死ぬ

シモネッタは若くして死んだ。亡骸《なきがら》さえも美しく、多くの人々が弔問《ちょうもん》に訪れたという。

#「イタリア第一の女」と呼ばれた女傑《じょけつ》

イタリア

カテリーナ・スフォルツァ

生没年 1463年▼1509年

人物紹介

ルネサンス期のイタリアの女性領主。子どもたちを人質《ひとじち》に取られても強気でたんかを切った豪胆《ごうたん》な女性。再婚《さいこん》した男性が暗殺されたときも、徹《てっ》底的《ていてき》に復讐《ふくしゅう》した。

おい立ち

1463年

ミラノ公スフォルツァ家に誕生。

1475年

2つの領地を持つジロラモ・リアーリオ伯《はく》と政略結婚《せいりゃくけっこん》。6人の子供をもうける。

1488年

領内で反乱が起き、夫のリアーリオ伯が殺害される。反乱後、息子が領主となり、カテリーナは摂政《せっしょう》になる。

1490年

ジャコモ・フェオという8歳下の青年と恋に落ち、ひそかに結婚する。

1495年

ジャコモが暗殺される。

1499年

軍人チェーザレ・ボルジアに攻《せ》め込《こ》まれる。1か月の攻防戦《こうぼうせん》を続けたが、落城。捕虜《ほりょ》となり、翌年解放される。

1509年

死去。

おすすめの**関連作品！**

戯曲 **『ロミオとジュリエット』**

ウィリアム・シェイクスピア 作

敵対する家に生まれたロミオとジュリエットが一目で恋に落ち、最後は死に至る悲劇《ひげき》。世界的にもかなり有名な作品。作者はイギリス人だが、舞台《ぶたい》はルネサンス期のイタリア。軽快な台詞《せりふ》回しは喜劇的《きげきてき》でもあり、現代人でも楽しめる不朽《ふきゅう》の名作。

エピソード

華《はな》やかな結婚生活

夫のリアーリオ伯は当時のローマ教皇の甥《おい》で権力を持っていた。カテリーナは教皇に気に入られ、常に宴会《えんかい》や祭事などの華やかな場に出席していた。

ピンチに冷静な判断

反乱が起きて夫のリアーリオ伯は殺害され、カテリーナも子どもたちとともに監《かん》禁《きん》された。だがその前に、カテリーナはひそかに城塞《じょうさい》とミラノの実家に使者を送った。城塞の守将は反乱軍から城塞を守り抜《ぬ》き、やがてミラノから援軍《えんぐん》が到着し、反乱軍は退却《たいきゃく》した。

敵を欺《あざむ》く

カテリーナは反乱の首謀者《しゅぼうしゃ》に「城塞の守将に降伏《こうふく》するよう説得しに行く」と嘘《うそ》をついて脱出《だっしゅつ》し、そのまま戻《もど》らなかった。首謀者は子どもたちを殺すと脅《おど》したが、カテリーナは「馬鹿者《ばかもの》。子どもなんかこの先いくらでも産める」とたんかを切った。今まで殺されなかったのだから子どもたちはこの先も無事なはずだとカテリーナは確信していたためであり、実際子どもたちは無事だった。

イタリア第一の女

チェーザレに攻め込まれたとき、カテリーナは自ら甲冑《かっちゅう》を身につけ抵抗《ていこう》した。当時最大の実力者であったチェーザレから1か月も城塞を守ったカテリーナは「イタリア第一の女」と呼ばれた。

イギリス

メアリー1世

生没年　1516年▼1558年

「ブラッディ・メアリー」と呼ばれた冷酷《れいこく》な女王

人物紹介

イギリスの女王。メアリー・テューダーともいう。民衆に支持《しじ》されて即位《そくい》したが、プロテスタントを迫害《はくがい》し、恐《おそ》れられた。即位《そくい》後、５年ほどで病《びょう》没《ぼつ》。

おい立ち

1516 年

誕生。父はヘンリー８世。

1531 年

両親が離婚《りこん》。

1547 年

父・ヘンリー８世が死去。

1553 年

即位。

1554 年

スペイン王子（のちのフェリペ２世）と結婚《けっこん》。

1558 年

死去。

ここがポイント！ 用語解説

イギリス

現在の正式の国名は「グレート・ブリテンおよび北アイルランド連合王国」。11 世紀にイングランドに統一国家が成立し、のちにウェールズ、スコットランド、アイルランドを統合した。ヘンリー８世やエリザベス１世の時代には国王が絶対的な権力を持っていたが、1688 年に起きた名誉《めいよ》革命で世界初の立憲《りっけん》君主制（君主が憲法に基《もと》づいて政治を行う国家体制）と議会政治を始めた。

宗教改革

免罪符《めんざいふ》を販売したローマ教皇（カトリック教会）をルターやカルバンが批判《ひはん》して、宗教改革を始めた。この改革でカトリック教会から離《はな》れたキリスト教徒はプロテスタントと呼ばれた。

エピソード

不遇《ふぐう》な少女時代

最初は王位継承者《けいしょうしゃ》として扱《あつか》われていたものの、父ヘンリー８世が男児を望んだうえ、母にこれ以上の出産の望みがないことから両親が離婚。このため王女の地位を失った。

ブラッディ・メアリー

メアリーはカトリックを信仰《しんこう》し、ヘンリー８世の宗教改革《かいかく》を覆《くつがえ》した。プロテスタントを迫害し、数百人を処刑《しょけい》したことで知られる。その過激さから「ブラッディ・メアリー（血のメアリー）」と呼ばれた。

上手くいかない結婚

メアリーが幼いころ、ヘンリー８世は２度縁談《えんだん》を用意したが、いずれも破談《はだん》となっている。即位後、自らの意思で 11 歳年下のスペインの王子と結婚するも、反対が多かった。子どもにも恵《めぐ》まれず、夫はついにメアリーのもとを去ってしまった。この結婚によりフランスとスペインの戦争に巻き込《こ》まれ、敗戦。大陸の領土を失うこととなった。

妹を憎《にく》む

妹のエリザベスは母から王妃《おうひ》の座を奪《うば》った女性の娘ということもあり、憎んでいた。子がいないメアリーの後継者《こうけいしゃ》はエリザベスしかいなかったが、それも嫌《いや》だったようで、死の前日にようやく指名したほどだった。

サンバルテルミの虐殺《ぎゃくさつ》を起こしたフランス王妃《おうひ》

フランス

カトリーヌ・ド・メディシス

生没年　1519年▼1589年

人物紹介

イタリアの富豪《ふごう》メディチ家の出身。政略結婚《せいりゃくけっこん》によりフランスに嫁《とつ》ぎ、のちに王妃となる。不遇《ふぐう》な結婚生活を送り、宗教的な対立からサンバルテルミの虐殺を引き起こした。

おい立ち

1519年

イタリアのフィレンツェで誕生。

1533年

フランス王子アンリと政略結婚する。

1544年

第1子出産。これ以降、7人の子をもうける。

1547年

夫のアンリ王子がアンリ2世としてフランス国王となる。

1559年

アンリ2世が事故死。
息子のフランソワ2世が即位《そくい》。

1560年

フランソワ2世が急死。フランソワ2世の弟のシャルル9世が即位。母であるカトリーヌが摂政《せっしょう》となる。

1572年

サンバルテルミの虐殺を引き起こす。

1574年

シャルル9世が死去。末の息子アンリ3世が即位。

1589年

死去。

ここがポイント！ 用語解説

カトリックとプロテスタント

どちらもキリスト教の宗派。宗教改革によりカトリックから分離したキリスト教徒をプロテスタントと呼んだため、カトリックを旧教、プロテスタントを新教ともいう。

エピソード

本の収集《しゅうしゅう》家《か》

カトリーヌの膨大《ぼうだい》な蔵書はヘブライ語やギリシア語など様々な言語のものがあった。内容も哲学《てつがく》、詩、聖書など幅広く、カトリーヌの関心の広さや教養の高さがわかる。とても優秀で、イタリア出身だがフランス語も自在に話したという。

10年以上、子宝に恵《めぐ》まれず

カトリーヌは子どもに恵まれなかった。原因が夫だとは世間には知られず、妊娠《にんしん》しないのはカトリーヌのせいではないかと非難された。原因が解消されるとカトリーヌは毎年のように子供を産んだが、夫がほかの女性たちを寵愛《ちょうあい》したため、あまり幸せでない結婚生活を送った。

神秘的なものが大好き

カトリーヌは神秘学や魔道《まどう》といったオカルト的なものが好きだった。彼女のもとには占《うらな》い師や妖術《ようじゅつ》師などが集まった。

サンバルテルミの虐殺

当時のフランスは、新教派と旧教派の間で抗争《こうそう》が絶えなかった。旧教派のカトリーヌは新教派の指導者が若いシャルル9世をそそのかそうとしたことに激怒《げきど》し、この指導者を暗殺しようとした。これは失敗に終わったが、報復を恐《おそ》れたカトリーヌはサンバルテルミという祝日の日から新教徒たちを皆殺《みなごろ》しにした。この虐殺は2か月も続き、フランス全土の犠《ぎ》牲者《せいしゃ》は2万人とも5万人ともいわれる。

イギリス

エリザベス1世

生没年　1533年▼1603年

イギリスの繁栄《はんえい》を導いた女王

人物紹介

母を処刑《しょけい》され、女王となった姉に幽閉《ゆうへい》されるという不遇《ふぐう》を経て女王となった。「イギリスと結婚《けっこん》した」と宣言し、スペインの無敵艦隊《むてきかんたい》を打ち破るほどイギリスを強くした。

おい立ち

1533年

誕生。父はヘンリー８世。

1536年

母が処刑される。

1547年

父・ヘンリー８世が死去。

1553年

姉のメアリー１世が即位《そくい》。

1554年

ロンドン塔《とう》へ投獄《とうごく》、幽閉《ゆうへい》される。

1555年

幽閉を解かれる。

1558年

エリザベス１世即位。翌年、戴冠式《たいかん」しき》を行う。

1562年

天然痘《てんねんとう》（感染症の１つ）にかかり死にかける。

1570年

ローマ教皇に破門《はもん》される。

1588年

スペインの無敵艦隊を破る。

1603年

死去。

エピソード

母の処刑

父はエリザベスが生まれたとき、子が男児でなかったことに怒《おこ》った。やがて父は母を宮廷《きゅうてい》から排除《はいじょ》し再婚《さいこん》するため、国王暗殺を企《くわだ》てた罪をかぶせて処刑してしまった。母が処刑されたことによって、エリザベスは王女の地位を失った。

姉に幽閉される

姉・メアリー１世の即位後、反乱が起こった。反逆者の容疑をかけられたエリザベスはロンドン塔に幽閉された。ロンドン塔に幽閉された者は生きて出られないことが多かったが、エリザベスの反逆の証《しょう》拠《こ》はなく、解放された。

豪華《ごうか》な戴冠式

エリザベスは倹約家《けんやくか》であったが、戴冠式は盛大に行った。スコットランドの女王メアリー・スチュアートが、エリザベスが庶子であることを理由にイギリスの王位を求めたからである。エリザベスは豪華な戴冠式で儀式《ぎしき》を行い、国民に自らの権威《けんい》を知らしめた。

イギリスと結婚

女王となったエリザベスに、議会はたびたび結婚を求めた。しかしエリザベスは戴冠式ではめた指輪を見せ、「これはイギリスと結婚した証《あかし》だ」と宣言した。貴族男性と恋に落ちたこともあったが、彼は既婚者でスキャンダルとなった。エリザベスは宣言通り生涯《しょうがい》独身を通した。

おすすめの関連作品！

映画　**『エリザベス:ゴールデン・エイジ』**

ジェネオン・ユニバーサル（販売元）

2007年のイギリス映画。若くして王位を継承し、スコットランド女王メアリーやスペイン国王と争ったエリザベスの苦悩と戦いの人生が描かれる。第80回アカデミー賞衣装デザイン賞受賞作品。

エリザベス1世と対立し、断頭台に上った女王

人物紹介

スコットランド女王でフランス王妃《おうひ》。エリザベス１世のライバルとしても知られる。エリザベス１世が庶子《しょし》だとして、何度もイギリス（イングランド）の王位を求めた。

イギリス

メアリー・スチュアート

生没年　1542年▼1587年

おい立ち

1542年

スコットランドの王女として生まれる。生後1週間で父ジェームズ5世が死去し、女王となる。

1548年

フランス王太子《おうたいし》でカトリーヌ・ド・メディシスの息子であるフランソワと婚約《こんやく》。フランスで生活を始める。

1557年

フランソワ王太子と結婚《けっこん》。

1559年

夫が即位《そくい》してフランソワ2世となる。

1560年

フランソワ2世が死去。翌年、スコットランドに帰国する。

1565年

カトリック教徒のダーンリー卿《きょう》と再婚。

1566年

息子ジェームズを出産。

1567年

ダーンリー卿が暗殺され、ボスウェル伯《はく》と結婚する。反乱が起き、息子のジェームズに王位を譲《ゆず》らされる。

1568年

エリザベス1世を頼《たよ》って亡命するが、幽閉《ゆうへい》される。

1586年

エリザベス1世暗殺計画の疑《うたが》いをかけられ、死刑《しけい》判決が下る。

1587年

死刑が執行《しっこう》される。

エピソード

幼くして婚約

メアリーは6歳のとき、2歳下のフランス王太子と婚約した。王太子妃としての教養《きょういく》はもちろん、語学も身につけた。また詩や楽器、声楽《せいがく》の才能にも恵《めぐ》まれた。

18歳で未亡人《みぼうじん》に

結婚からわずか3年で、病弱だった夫が亡くなり、未亡人となる。スコットランドに帰国するも、華《はな》やかなフランスで育ったメアリーはスコットランドの地味な生活や政治のいざこざを嫌《きら》い、詩人や画家を集めてサロンをつくった。美しく教養のあるメアリーのまわりには多くの男性が集まり、縁談《えんだん》も多く持ち込《こ》まれた。

エリザベス1世との対立

イギリス（イングランド）の女王エリザベス1世とは親戚《しんせき》にあたり、表面上は「お姉さま」と呼んで親しくしていた。しかしメアリーにもイギリスの王位継承権《けいしょうけん》があったため、エリザベス1世に対抗心《たいこうしん》を持っていた。イギリスの王位をめぐった陰謀《いんぼう》によって、メアリーは処刑されることとなった。

男を惑《まど》わす悪女？

メアリーは生涯《しょうがい》で3度結婚したが、3度目の相手は2番目の夫を暗殺した首謀《しゅぼう》者《しゃ》とされているボスウェル伯だった。ボスウェル伯とは以前から恋愛関係で、メアリーも暗殺に加担《かたん》していた疑いがもたれている。

コラム10 エリザベス1世VSメアリー・スチュアート

インングランドのエリザベス女王とスコットランドの女王メアリー・スチュアートはともにイングランド王ヘンリー7世の子孫であった。メアリーもイングランドの王位継承権《けいしょうけん》を持っていたのである。エリザベスは嫡出子《ちゃくしゅつし》として生まれながらも母が処刑《しょけい》されたために庶子《しょし》という扱《あつか》いに変わっていた。そのため、エリザベスの王位継承に疑問《ぎもん》を持つ者が出てきたのである。それは当人たちも同じで、この2人の女王は様々な局面《きょくめん》で対立することになる。

❖エリザベス、メアリーの結婚《けっこん》に反対

未亡人《みぼうじん》となったメアリーの再婚《さいこん》相手に、エリザベスは自分の恋人であるロバート・ダドリーを推薦《すいせん》した。信頼《しんらい》できる人を送り込むことで、自分に有利に働かせようとしたようだ。しかしメアリーとロバートともに乗り気ではなく、この話は実現しない。

そして1565年、メアリーはダーンリー卿《きょう》を再婚相手に選ぶ。この結婚はメアリーの王位継承に有利に働く可能性があり、エリザベスは反対したが、メアリーはそれを押し切って結婚した。

❖メアリー、エリザベスを頼《たよ》って亡命するも……

1568年、前年に位を息子に譲《ゆず》らされ幽閉《ゆうへい》されていたメアリーは城からの脱出に成功する。メアリーの支持派と反対派が戦闘《せんとう》となるが、メアリー派が大敗。メアリーは王位への復帰をかけてイングランドのエリザベスを頼る。数か月前にエリザベスが武力支《し》

援《えん》を申し出ていたからである。しかし結局エリザベスは支援を拒《こば》んだ。メアリーは捕《と》らえられ、以後 19 年にわたって幽閉された。

❖エリザベス、メアリーの息子を継承者に選ぶ

エリザベスは自分が子を持たずに死去した場合、メアリーの息子であり、エリザベスにとっても血縁者《けつえんしゃ》であるスコットランド王ジェームズ・スチュアートに正式に王位を譲ると宣言した。こうしてスコットランドをイングランドの支配下に置くことに成功し、エリザベスはイギリス全体の支配者となった。

❖打倒エリザベスの動きは続く

反エリザベス勢力などにより、メアリーを解放してエリザベスを倒すたくらみは続いた。軟禁中《なんきんちゅう》のメアリーもまた、たびたびイングランドの王位を求めたが、いずれも成功しなかった。

❖エリザベス、メアリーの処刑《しょけい》をためらう

1586 年、エリザベスの暗殺を企《くわだ》てたバビントン事件が起こる。このときメアリーも加担しているとされ、裁判《さいばん》にかけられた。証《しょう》拠《こ》も提出され、死刑《しけい》判決が下された。メアリーの処刑には女王であるエリザベスの決定が必要だったが、元スコットランド女王で血縁者でもあるメアリーの処刑に、エリザベスは最後まで悩《なや》んでいたという。

1587 年、メアリーの死刑が執行《しっこう》された。その後エリザベスは結婚せず、子も持たずに 1603 年に亡くなる。かねてからの宣言通り、メアリーの息子ジェームズがエリザベスの後を継《つ》いだ。

自らの生き方を追求した流浪《るろう》の女王

スウェーデン

クリスティーナ

生没年　1626年▼1689年

人物紹介

スウェーデンの女王。三十年戦争を終結《しゅうけつ》させた功労者《こうろうしゃ》の1人。退位したあとは外遊《がいゆう》生活を続けた。再び即位《そくい》することを望んだが許されず、ローマで没《ぼっ》した。

おい立ち

1626 年

スウェーデンの王女として誕生。

1632 年

父王が死去。王位を継承《けいしょう》する。

1648 年

三十年戦争が終わる。

1654 年

退位。いとこのカール 10 世が即位。同年、スペイン領でプロテスタントからカトリックに改宗《かいしゅう》する。

1660 年

カール 10 世が死去。帰国と再びの即位を願うも、議会に拒否《きょひ》される。

1689 年

ローマで死去。

ここがポイント！ **用語解説**

三十年戦争

ドイツではプロテスタントとカトリック教徒の間で紛争《ふんそう》が絶えなかった。そして 1618 年、ハプスブルク家のカトリック化政策に対抗《たいこう》するプロテスタントによって反乱が起こる。プロテスタントがカトリックの政治家を城の窓から放り出し、これがきっかけとなって三十年戦争が始まる。ドイツがおもな戦場となり、ヨーロッパのほとんどの国々が参加した。最後で最大の宗教戦争ともいわれている。1645 年より和平交渉が始まり、1648 年のウェストファリア条約締結によって終結した。この戦争ののち、ハプスブルク家の勢力は弱まっていった。

エピソード

三十年戦争を終結させる

1618 年からおもに現在のドイツを中心に、30 年にわたって起こった宗教戦争を三十年戦争という。クリスティーナの生まれる前から続いていた戦争だが、彼女の代で平和条約が結ばれたことによって終結する。特にクリスティーナは和平交渉《こうしょう》において寛大《かんだい》な譲歩《じょうほ》を行い、条約締《てい》結《けつ》に一役買ったという。

改宗するために王位を捨てる

わずか 6 歳で即位したクリスティーナは、プロテスタントだった。クリスティーナは次第《しだい》にカトリックへの改宗を願うようになるが、スウェーデンではカトリック信仰《しんこう》は禁止されていた。そのため、クリスティーナはいとこに王位を譲《ゆず》った。

男装を好む

退位してスウェーデンを出たあとは、男性の服装を好んだ。男性用のかつらと帽《ぼう》子《し》をかぶるために、髪《かみ》は剃《そ》ってしまっていたという。声も低く、猫背《ねこぜ》で、背も低かったので、容姿《ようし》をからかわれることも多かったようだ。

教養豊かな人物

クリスティーナは 8 か国語を話せたといい、しかも独学《どくがく》でそれらを身につけたという。詩や自伝の執筆《しっぴつ》も行っていたが、残念ながらこれらは未完のままである。とはいえ画家や彫刻《ちょうこく》家への支援《しえん》を行い、芸術の発展に貢献《こうけん》した。

フランス

ラファイエット夫人

生没年　1634年▼1693年

王朝を舞台《ぶたい》に恋物語を描《えが》いた女流作家

人物紹介

女流作家。幼いころから文化人に囲まれて育ち、数々の作品を発表した。王朝を舞台にした恋愛小説が多い。『クレーヴの奥方《おくがた》』が有名で、後世に映画化もされている。

おい立ち

1634年

パリの下級貴族の家庭に誕生。名はマリー・マドレーヌ。

1649年

父が死去。

1650年

母が再婚《さいこん》。このころラテン語などを習い始める。

1655年

ラファイエット伯爵《はくしゃく》と結婚《けっこん》。

1656年

母が死去。

1658年

長男を出産。

1662年

処女作『セヴィニエ夫人の肖像《しょうぞう》』を発表。

1678年

『クレーヴの奥方』を発売。

1683年

夫のラファイエット伯爵が死去。

1693年

死去。

おすすめの関連作品！

小説 『クレーヴの奥方』

ラファイエット夫人 作

貴族女性が夫と恋人との三角関係に苦しむ様子を描いた、王朝が舞台の物語。当時は匿名《とくめい》で発表された。この作品は大ヒットし、舞台化や、外国での出版もされた。日本語でも現在、文庫本や全集などで読むことができる。

エピソード

文化人に囲まれて育つ

マリーが幼いころに父が家を買い、一家で移り住んだが、この屋敷《やしき》には詩人などその当時の文化人たちが集まったという。そしてマリー本人も当時のベストセラー小説を書いた女性の館《やかた》に出入りするようになり、ラテン語などを習い始めるようになる。マリーの文学的素養《そよう》は幼少期から育まれていた。

田舎《いなか》住まいを退屈《たいくつ》に思う

パリで育ったマリーだったが、母の再婚相手が反乱軍に参加したさい、母とともに田舎に身を寄せることになる。この田舎生活がマリーには退屈で、流行の小説や文学作品を読むことで時間をしのいだ。

自分でも文章を書き始める

長男を出産後、友人たちのすすめで文章を書き始める。その後、次々に作品を発表することになる。出来に納得がいかなかったのか生前は発表されず、ラファイエット夫人の死後発表されたものもある。

人から愛された才女

当時『才女大事典』というものがあり、ラファイエット夫人も紹介《しょうかい》されている。それによると上品で親切な女性で、少しばかり人を冷やかすのが好きというお茶《ちゃ》目《め》な一面があったようだ。しかもそのからかい方も嫌《いや》みなところがなく、冷やかされた本人からでさえ嫌われることはなかったという。

自ら帝冠《ていかん》をかぶったロシアの女帝《じょてい》

人物紹介

クーデターを起こし自ら女帝となった。芸術を守り、死刑《しけい》の廃止《はいし》などに尽力《じんりょく》した。またロシアの教育向上に努める大臣たちの支援《しえん》も行った。結婚《けっこん》していたかは謎《なぞ》である。

ロシア

エリザベータ・ペトロブナ

生没年　1709年▼1761年

おい立ち

1709 年

誕生。父はピョートル 1 世、母はエカチェリーナ 1 世。

1712 年

両親が正式に結婚。

1741 年

即位。

1742 年

このころ結婚したか？
17 歳以下の囚人《しゅうじん》に対する拷問《ごうもん》を禁止させる。

1754 年

法典編纂《ほうてんへんさん》委員会をもうける。

1756 年

卒中《そっちゅう》の発作《ほっさ》を起こす。
オーストリアとプロイセン（ドイツ北部にあった国）の間に七年戦争が起こる。プロイセンに宣戦布告《せんせんふこく》。

1757 年

女性の顔を傷つける刑罰《けいばつ》を禁止。

1761 年

死去。

ここがポイント！ **用語解説**

ロマノフ王朝

1613 年から 1917 年のロシア革命まで約 300 年にわたって君臨《くんりん》したロシア最後の王朝。ロマノフ家によって治められた。2 つ頭がある双頭《そうとう》の鷲《わし》を紋章《もんしょう》に持つ。皇帝の正式な称号《しょうごう》は「ツァーリ」という。エリザベータの父・ピョートル 1 世だけは「インペラートル（皇帝）」を名乗ったため、ピョートル大帝《たいてい》と呼ばれる。

エピソード

目立ちたがり？

エリザベータに関して、軽はずみな性格に見せかけて実は理知的《りちてき》であるという人もいれば、気位《きぐらい》が高くうぬぼれ強いという人もいて、評価はわかれる。容姿が美しくダンス上手で、ファッションや芸術に関心を持っていたというのは共通認識のようである。

自ら冠《かんむり》をかぶる

エリザベータは両親の正式な結婚前に誕生しており、庶子《しょし》という扱《あつか》いだった。そのためすぐに皇位はめぐってこず、クーデターを起こし自ら皇位を手に入れた。それだけでなく、戴冠式《たいかんしき》のさい、大主教《だいしゅきょう》がかぶせるはずの帝冠を取り上げ、自分でかぶったという。

内緒の結婚？

1742 年にひそかに結婚したといわれるが、証拠《しょうこ》がない。皇位継承者《こういけいしょうしゃ》を甥《おい》（ピョートル 3 世）に決め、甥夫婦に子どもが誕生することを望んだ。エリザベータ自身は子を産まなかった。

1 万 5000 着のドレス

エリザベータはロシアの宮廷《きゅうてい》を、フランスのベルサイユと同じくらいのファッションの中心地にしたかった。そのために自らが流行の発信者でなければならなかった。エリザベータの死後、クローゼットから 1 万 5000 着のドレスが発見されたという。

人物紹介

オーストリア、ハンガリーの君主。18世紀において最も偉大な君主といわれる。夫と共同統治者《とうちしゃ》であったが、実質《じっしつ》的《てき》な皇帝はマリアだった。夫の死後、生涯《しょうがい》喪《も》に服《ふく》した。

最も偉《い》大《だい》な君主といわれたオーストリアの女帝《じょてい》

オーストリア

マリア・テレジア

生没年　1717年▼1780年

おい立ち

1717年

オーストリア皇女《こうじょ》として誕生。

1736年

ロレーヌ公（フランスにあった公国の君主）の次男フランツと結婚《けっこん》。

1737年

長女出産。以後、16人の子をもうける。

1740年

父・カール6世が死去。女帝として即位《そくい》。

1741年

ハンガリー女王として戴冠式《たいかんしき》を行う。

1765年

夫・フランツが急死。

1770年

娘のマリー・アントワネットがフランスへ嫁《とつ》ぐ。

1780年

死去。

ここがポイント！ 用語解説

ハプスブルク家

スイス北部の貴族の家系で、ヨーロッパ随一《ずいいち》の名家。始祖がドイツ国王になったのを始め、政略結婚《せいりゃくけっこん》によって領地を広げた。ドイツやオーストリアなど、ヨーロッパの王室の多くはハプスブルク家の血筋《ちすじ》でマリア・テレジアもその1人。1918年、第一次世界大戦で敗戦したことにより、君主としてのハプスブルク王家は終わりをむかえた。

エピソード

即位後の苦難

マリアが即位したのは23歳のときだった。その後周辺諸国《しゅうへんしょこく》に攻《せ》め込《こ》まれ、オーストリア継承《けいしょう》戦争が起こる。周囲の予想に反して、若き女王は8年にも及《およ》ぶこの戦いを耐《た》え抜《ぬ》いた。

確固たる意志を持つ

マリアは夫を深く愛していたし共同統治者の称号《しょうごう》を授《さず》けたが、自分が先祖から受け継《つ》いだ領地の統治に関しては手を出させなかった。夫は助言者でしかなく、すべての決定権はマリアにあった。

年は健康を損《そこ》ねる

マリアは16回の妊娠《にんしん》と出産を経験した。そのため若いころと違って太ってしまい、健康も損なっていた。親しい友人に送った手紙には、そんな自分の状況《じょうきょう》を正直につづっており、自らをありのまま受け入れていた。

夫の死後、生涯喪に服す

夫のフランツとは皇族にしては珍《めずら》しく、恋愛結婚だった。フランツが急死したのち、いつでも見られるようにと祈祷書《きとうしょ》に肖像《しょうぞう》をはさんだ。宝飾品《ほうしょくひん》を娘や女官たちに譲《ゆず》り、死ぬまで喪服《もふく》での生活を貫《つらぬ》いた。

娘を心配する

フランス王妃《おうひ》となった娘のマリー・アントワネットを案じ、王族たる者の心得を手紙に書き、贅沢《ぜいたく》に暮らす娘をいさめた。

夫を押《お》しのけて皇帝《こうてい》となった女傑《じょけつ》

人物紹介

ドイツ出身でロシア皇帝の座についた女性。愛人を多く持ち悪女のイメージもあるが、国に貢献《こうけん》し、ロシアをヨーロッパの強国に押し上げた人物でもある。

ロシア

エカチェリーナ2世

生没年　1729年▼1796年

おい立ち

1729年

ドイツの侯爵《こうしゃく》家に誕生。出生名はゾフィー・フリデリーケ・アウグスタ。

1744年

ロシアの皇太子ピョートルの婚約《こんやく》者となる。ロシア皇女としてエカチェリーナ・アレクセーブナの名を与《あた》えられる。

1745年

ピョートルと結婚《けっこん》。

1754年

男児（のちのパーベル1世）を出産。

1761年

エリザベータ女帝《じょてい》が死去。夫のピョートル3世が即位《そくい》する。

1762年

夫を廃位《はいい》し、エカチェリーナ2世が即位。

1782年

教師育成のための学校を設立。

1796年

死去。

おすすめの関連作品！

テレビドラマ 『エカテリーナ』

2014年からロシア国営のロシアテレビで放送されているテレビドラマ。日本でも放送された。

マンガ 『女帝エカテリーナ』

池田理代子 作／中央公論新社

『ベルサイユのばら』で有名な作者による伝記マンガ。文庫本で読むことができる。

エピソード

不幸な結婚生活

エカチェリーナは16歳で1歳年上の夫と結婚したが、夫は精神的に幼く、夫婦生活は上手くいかなかった。エリザベータ女帝から世《よ》継《つ》ぎを望まれるも、そんな中で妊娠《にんしん》することは難しかった。

夫を退《しりぞ》けて女帝へ

ピョートル3世は、宿敵《しゅくてき》プロイセンと同盟を結んだ。これに兵たちが反発しているのを知ると、エカチェリーナは兵たちを説得し味方につけ、女帝として即位を宣言した。夫の即位からわずか6か月後のことである。その直後ピョートル3世は謎《なぞ》の死を遂《と》げている。世間ではエカチェリーナのために愛人の将校《しょうこう》が殺したのではないかと噂《うわさ》したが、真相《しんそう》は不明。

愛人は20人近く？

エカチェリーナは数々の愛人を持ったことでも知られる。夫の死後、エカチェリーナは独身ではあったが、さらに多くの愛人を持った。エカチェリーナは愛人たちとの間にも何人も子どもを産んでいる。公式には夫のピョートル3世の子とされているパーベル1世らも、実は愛人の子ではという説もある。

ロシアを強国へ押し上げる

悪女のイメージをもたれるエカチェリーナだが、ロシアに大きく貢献《こうけん》した人物でもある。ロシア語の辞書を作らせ、文学や建築、美術などの発展にも尽力《じんりょく》した。

「スペイン史上最低の王妃《おうひ》」と呼ばれる悪女？

スペイン

マリア・ルイーサ

生没年　1751年▼1819年

人物紹介

夫を尻《しり》に敷《し》き、若い臣下を愛人にしてスペイン王室を傾《かたむ》けたと言われる。しかし愛人を作った証拠《しょうこ》はなく、歴史家たちの間でも評価が分かれる人物。

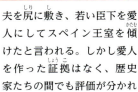

おい立ち

1751 年

誕生。父はスペイン国王の弟、母はフランス国王ルイ 15 世の娘。

1765 年

いとこのスペイン王太子カルロスと結婚。

1771 年

第 1 子出産。

1788 年

10 回目の出産。同年、夫がカルロス 4 世として即位《そくい》。

1789 年

フランス革命が起こる。革命の影響《えいきょう》をうけ、スペインでも民衆の王室への不満が高まる。

1808 年

カルロス 4 世が退位。息子のフェルナンド 7 世が即位する。

1819 年

ローマで死去。

おすすめの関連作品！

オペラ **『カルメン』**

ジョルジュ・ビゼー 作

プロスペル・メリメの小説『カルメン』を元に作られたオペラ。作曲者のビゼーはフランス人で初演もフランスだったが、物語の舞台《ぶたい》はスペインのセビリア。煙草《たばこ》工場で働くジプシーの女性カルメンと、衛兵《えいへい》のドン・ホセ、闘牛士《とうぎゅうし》のエスカミーリョという 2 人の男性との激しい恋愛模《も》様《よう》を描《えが》いた悲劇《ひげき》。世界的に人気の高い作品。

エピソード

ファーストレディに

マリアは王太子妃《おうたいしひ》だったが、舅《しゅうと》のカルロス 3 世の王妃はすでに亡くなっており、儀式《ぎしき》などでマリアがファーストレディの役目を果たした。そうしていくうちに、マリアは夫のカルロス王太子をしのぐ権力を持つようになる。

妊娠《にんしん》と出産を繰《く》り返す

マリアは 20 歳で初めて子を産み、14 回の出産と 10 回の流産を経験した。生まれても早くに亡くなった者が多く、4 人しか成長できなかった。

若き寵臣《ちょうしん》

37 歳ごろ、マヌエル・デ・ゴドイという当時 21 歳の近衛兵《このえへい》を重用し始める。マリアはゴドイを出世させ、25 歳の若さで宰相《さいしょう》に抜擢《ばってき》した。愛人だったとの説もあるがはっきりしない。

亡命生活

フランス革命後、フランス皇帝《こうてい》ナポレオンの圧力でスペインはフランスと同盟を結んだ。その後スペインは内乱状態となり、ナポレオンはスペインを占領。そしてスペインのマドリードで反フランスの民衆蜂起《ほうき》が起こった。このときゴドイは逮捕《たいほ》され、カルロス 4 世は退位させられた。そしてスペインはナポレオンの兄が王となり、マリアはカルロス 4 世とゴドイ、数名の従者らと亡命した。亡命生活の末、ローマで肺炎《はいえん》になり亡くなった。

女性の権利のために戦った劇作家《げきさっか》

フランス

オランプ・ド・グージュ

生没年　1748年▼1793年

人物紹介

フランスの劇作家。本名マリー・グーズ。「オランプ・ド・グージュ」はペンネーム。女性の権利を訴《うった》え、世界的に見てもフェミニズムの先駆者《せんくしゃ》といわれる。

おい立ち

1748年

誕生。

1765年

結婚《けっこん》。まもなく夫を亡くすも、子を授かる。

1791年

「女性および女性市民の権利宣言」を執筆《しっぴつ》。

1793年

反革命派として逮捕《たいほ》される。革命広場で処刑《しょけい》される。

ここがポイント！ **用語解説**

フェミニズム

「フェミニズム」とは元はラテン語の「女性」を表す単語からできた言葉で、女権拡張主義、女性尊重主義などと訳される。フランス革命の人権宣言の影響《えいきょう》を強く受けた。男性支配的な社会を批判《ひはん》し、女性の社会的・政治的・性的などあらゆる面での女性の権利を守ろうとする運動。オランプの生きた当時のフランスでは、まだ「フェミニズム」という言葉は知られていなかった。そんな中で男性が優遇《ゆうぐう》され、女性があらゆる面で差別的な扱《あつか》いを受けていることを訴えたオランプの主張は画期的《かっきてき》なものであった。この主張は1791年に発表した「権利宣言」より前の作品から現れている。フェミニズムの主張は各国で行われているが、統一された考えがあるわけではない。それぞれの国や地域の特徴《とくちょう》にそって変化している。

エピソード

貴族の隠《かく》し子？

肉屋の父とその妻の子どもだが、とある貴族の隠し子という説があり、オランプ自身もそう信じていたという。

パリで自由な生活を送る

短い結婚生活ののち、グージュはパリで生活を始めた。高級娼婦《しょうふ》だったのではないかとする説がある。

劇作家として

オランプはおよそ30の戯曲《ぎきょく》、小説、小冊子、政治的文書を出版した。彼女の道徳的教訓《きょうくん》や政治的主張は、作品の中にも表れている。

フェミニズムのシンボル

当時の「女性には家族や夫婦の中にしかふさわしい居場所がない」という風潮《ふうちょう》にあらがい、女性の権利のために声を上げた。「女性および女性市民の権利宣言」は、現代でも参考とされている。

ルイ16世の処刑に反対する

オランプは裁判で国王のルイ16世を「偽善者《ぎぜんしゃ》」と非難《ひなん》したが、国王には敬意《けいい》を抱《いだ》いており、処刑には反対した。

強い主張が敵を作る

男女平等を訴え、反体制派であったオランプの熱意と過激な主張は、敵をつくる原因となった。ついにオランプは逮捕され、革命広場で斬首《ざんしゅ》された。

フランス

マリー・アントワネット

生没年　1755年▼1793年

フランス革命に散った悲劇の王妃《おうひ》

人物紹介

オーストリア皇女《こうじょ》でフランス国王ルイ16世の王妃。浪費《ろうひ》家《か》で、お忍《しの》びで遊びに出かけることもあり、様々なゴシップとなった。フランス革命後、ギロチンで処刑《しょけい》された。

おい立ち

1755年

オーストリアの女帝《じょてい》マリア・テレジアの子としてウィーンで誕生。

1756年

フランスのルイ・オーギュスト（のちのルイ16世）との婚約《こんやく》が決まる。

1770年

フランスに嫁《とつ》ぐ。

1774年

夫のルイ16世が即位《そくい》。

1781年

長男ルイ・ジョゼフを出産。

1785年

次男ルイ・シャルル（のちのルイ17世）を出産。

1789年

長男ルイ・ジョゼフが死去。次男ルイ・シャルルが王太子になる。

同年、フランス革命が起こる。

1791年

一家で国外逃亡《とうぼう》をはかり逮捕《たいほ》される。

1793年

革命広場で処刑される。

おすすめの関連作品！

マンガ　**『ベルサイユのばら』**

池田理代子 作／集英社

史実を元に描《えが》かれたフィクション作品。軍人の家に生まれた末娘のオスカルは、跡《あと》取りとなるべく男性の教育を受けた。オスカルは近衛《このえ》士官としてフランス王妃マリー・アントワネットに仕えるようになる。

エピソード

才能にあふれた少女

アントワネットは、踊《おど》りを最も得意とし、兄のヨーゼフの結婚祝賀宴《けっこんしゅくがえん》で見事な踊りを披露《ひろう》した。またハープやチェンバロといった楽器もプロ並だったという。

奥手《おくて》な夫

夫は華《はな》やかなアントワネットとは対照的に内気で錠前《じょうまえ》や家具づくりが趣味《しゅみ》だった。初めて対面したときも、ルイ16世はうつろな目で形式的なキスをしたあと、顔面蒼白《がんめんそうはく》になってしまったという。

贅沢三昧《ぜいたくざんまい》な結婚生活

ベルサイユ宮殿《きゅうでん》での生活は儀式《ぎしき》ばかりで決まりごとが多く、女官をはじめ多くの人に見られるもので、アントワネットには窮屈《きゅうくつ》だった。アントワネットは夫が寝静《ねしず》まったあとにパリの劇場や賭博場《とばくじょう》に出かけるようになっていった。この軽薄《けいはく》な振《ふ》る舞《ま》いはすぐに宮廷《きゅうてい》のゴシップとなった。

スウェーデンの貴公子との恋

アントワネットはパリで行われた仮面舞踏会《かめんぶとうかい》でスウェーデンの貴公子フェルセンと親しくなった。長身で美形の魅力的《みりょくてき》な男性だった。いつしかお互《たが》い恋愛感情を持つようになったが、フェルセンは王妃に悪い噂《うわさ》で迷惑《めいわく》をかけないように身を引いた。1791年に国外逃亡《とうぼう》を計画したのも彼で、フェルセンはこの計画の失敗を生涯後悔《しょうがいこうかい》していたという。

フランス

ジョゼフィーヌ

生没年　1763年▼1814年

皇帝《こうてい》ナポレオンが愛した女性

人物紹介

英雄《えいゆう》ナポレオンの１人目の皇后《こうごう》。ナポレオン最愛の人といわれる。恋多き女性で結婚《けっこん》後も愛人を持った。次第《しだい》に夫だけを愛するようになったが、子ができず離婚《りこん》された。

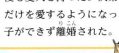

おい立ち

1763年

フランス領だった西インド諸島《しょとう》で誕生。

1779年

貴族と結婚。2人の子供をもうける。

1783年

離婚。

1794年

フランス革命中、投獄《とうごく》される。

1796年

将軍ナポレオンと結婚。

1799年

ナポレオンがクーデターを起こす。

1804年

皇帝ナポレオンが即位《そくい》。ジョゼフィーヌも皇后となる。

1809年

離婚。

1814年

死去。

おさえておきたい！ 関連人物

ナポレオン（1769年～1821年）

フランス革命後イタリア遠征の軍事司令官に任命され、オーストリアに勝利。その後もオスマン帝国《ていこく》などに勝利した。国民の支持を得たナポレオンは革命終結を宣言し、皇帝となった。戦争などによりヨーロッパの大部分を支配下に置いたが、マリー・ルイーズと結婚したあとは敗戦、退位して島流しにあった。その後再び即位するが戦いに敗れ（百日天下）、セントヘレナ島に流された。

エピソード

冷ややかな結婚

ジョゼフィーヌは2度目の結婚で、英《えい》雄《ゆう》として有名なナポレオンの妻となる。しかし年下で恋愛経験の少ないナポレオンは、ジョゼフィーヌにとって物足りなかったようだ。イタリア遠征《えんせい》中のナポレオンから何度も「来てほしい」と要請《ようせい》され、ようやく腰《こし》を上げたジョゼフィーヌは、なんと愛人同伴《どうはん》でイタリアに向かったという。

浪費家《ろうひか》

倹約家《けんやくか》だったナポレオンとは対照《たいしょう》的に、ジョゼフィーヌは浪費家で、宮廷《きゅうてい》暮らしと贅沢《ぜいたく》を楽しんだ。離婚するときも、ジョゼフィーヌは3つの居城《きょじょう》と300万フランもの年金を要求した。

子ができず

前の夫とは2人の子をもうけたジョゼフィーヌだったが、ナポレオンの子を産むことはできなかった。跡継《あとつ》ぎを欲したナポレオンに離婚を切り出されてしまう。

最期《さいご》にナポレオンを呼ぶ

結婚当初はナポレオンに情熱的な愛情を持っていなかったジョゼフィーヌだったが、結婚生活のうちに愛していったのだろう。離婚を切り出されたときには気を失い、息を引き取る間際《まぎわ》にナポレオンの名をつぶやいた。そしてナポレオンもまた、死ぬ間際にジョゼフィーヌの名を呼んだという。

ナポレオンの二人目の妻となったオーストリア皇女《こうじょ》

フランス

マリー・ルイーズ

生没年　1791年▼1847年

人物紹介

オーストリア皇女でフランス皇后《こうごう》。パルマ女公《じょこう》も務めた。跡継《あとつ》ぎを欲した皇帝《こうてい》ナポレオンと政略結婚《せいりゃくけっこん》し、ナポレオン２世を産むが、のちに離別《りべつ》。その後、２度結婚した。

おい立ち

1791年

ウィーンで誕生。

1804年

ナポレオンが即位《そくい》。

1805年

ナポレオンがウィーンに侵攻《しんこう》してきたため、ウィーンを脱出。

1809年

再びナポレオンの侵攻によってウィーンを追われる。

1810年

ナポレオンと結婚。

1811年

長男（のちのナポレオン２世）を出産。

1814年

ナポレオンが退位し、エルバ島へ。事実上の離婚《りこん》。ナイペルク伯《はく》と愛人関係になる。

1815年

パルマ公国（イタリアにあった国）の女公（女性の君主）となる。ナポレオンがイギリスに捕《と》らえられ、セントヘレナ島へ幽閉《ゆうへい》される。

1821年

ナポレオンが死去。
ナイペルク伯と再婚《さいこん》する。

1829年

ナイペルク伯が死去。

1834年

宰相兼《さいしょうけん》総司令官の男性と秘密裏《ひみつり》に結婚。

1847年

死去。

エピソード

英雄《えいゆう》ナポレオンの妻に

マリー・ルイーズはオーストリアの女帝《じょてい》マリア・テレジアのひ孫であり、ハプスブルク家の血を引くヨーロッパの中でも屈指《くっし》の姫君《ひめぎみ》だった。18歳のとき、41歳のフランス皇帝ナポレオン１世と結婚する。ナポレオンは元は皇族《こうぞく》ではないし、年齢《ねんれい》的にも血筋《ちすじ》的にも不釣《ふつ》り合いだった。マリー・ルイーズにとっても不本意な結婚だったようだ。

待望の皇子《おうじ》を出産

マリーはナポレオンが待ち望んだ皇子を出産する。しかし英雄と呼ばれたナポレオンも、このころから戦《いくさ》に負け始める。ついにはナポレオンは退位を決断した。

ナポレオンを愛す

最初は不本意な結婚だったが、次第《しだい》にナポレオンを愛するようになっていたようだ。マリー・ルイーズとナポレオンがやりとりした数多くの手紙が残されている。しかしその愛情も、離《はな》れている間に終わってしまった。

愛人との結婚

軍人のナイペルク伯とはナポレオンと結婚している間からの愛人関係であり、その期間に子どもも生まれている。とはいえ島流しになったナポレオンとは生涯《しょうがい》再会することはなく、すでに離婚状態だった。ナイペルク伯とはナポレオンの死後正式に結婚した。

コラム11 フランス革命

フランス革命とは1789年からフランスで起こった革命のことである。国王が絶対的権力を持つ絶対王政をとっていたフランスで、国王を倒すために民衆が立ち上がった。1度は民主制を勝ち得たが、ナポレオンが皇帝《こうてい》となったことで革命は終わりを告げた。

❖3つの身分制度

フランスは身分制度の社会で、3つの身分があった。第一身分の聖職者、第二身分の貴族、第三身分の平民である。このうち聖職者と貴族は税金を納めなくてもよく、しかも広大な土地を持ったり重要な官職を独占したりと様々な特権を持っていた。対して平民は重い税に苦しみ、不平等な扱《あつか》いを受けていた。

しかし18世紀後半になると、聖職者や貴族の間でも貧富の差が大きくなっていた。また平民の中にも経済力を持つ人々が増えていた。社会の矛盾《むじゅん》が深まるなか、古い制度を改めようというという思想が広まったこともあり、改革の空気が高まっていた。

❖フランス王室の財政破綻《はたん》

フランス王室はアメリカ独立戦争への参戦などにより、財政が破綻していた。マリー・アントワネットの浪費《ろうひ》のせいだという声もあったが、その程度では済まない状況《じょうきょう》だった。ついに政府は財政を立て直すため、貴族への課税を含む改革を始める。しかしこれに貴族たちが反対した。

❖三部会《さんぶかい》と球戯場《きゅうぎじょう》の誓《ちか》い

1789年、貴族たちは自分たちの特権が脅《おびや》かされないよう、3つの身分の代表が集まって議論する「三部会」を約170年ぶりに開かせた。しかし聖職者や貴族の特権階級と平民たちが真《ま》っ向《こう》から対立する。平民たちは「三部会」を「国民議会」と改め、憲法制定までは解散しないことを誓った（球戯場の誓い）。

❖フランス革命のはじまり

国民議会に対して特権階級がフランス王ルイ16世に働きかけ、武力で圧力をかけた。パリの民衆たちは王の態度に怒《おこ》り、バスティーユ牢獄《ろうごく》を襲撃《しゅうげき》した。これがフランス革命の始まりである。国民議会は身分に関係のない自由平等を宣言し、憲法制定へ大きく舵《かじ》を切ることとなった。

そして憲法制定直前の1791年、国王一家が国外逃亡をはかって失敗した「バレンヌ逃亡事件」が起こる。これにより国王一家は国民の信頼《しんらい》を失ってしまった。1793年にルイ16世と王妃《おうひ》マリー・アントワネットは処刑《しょけい》された。

❖ナポレオンの独裁政治へ

国王が処刑されたあとも、フランスでは派閥《はばつ》による争いが続いた。不安定な情勢が続くなか、登場したのがナポレオンである。1799年、ナポレオンは軍事クーデターを起こし新しい政府をつくった（革命の終わり）。国民の人気を集めたナポレオンは、その後1804年に国民投票によって皇帝となった。

ショパンの恋人となった女流作家

人物紹介

女流作家。男性名「ジョルジュ・サンド」というペンネームで活動を行い、数多くの作品を残した。情熱的な恋愛を求め、数多くの男性と恋をした。

フランス

ジョルジュ・サンド

生没年　1804年▼1876年

おい立ち

1804年

パリで誕生。父は陸軍中《ちゅう》尉《い》、母は女優。

1808年

弟が生まれるも、3か月後に死去。その直後、父も死去した。

1822年

カジミール・デュドバン男爵《だんしゃく》と出会い、結婚《けっこん》する。

1823年

長男・モーリス出産。

1831年

作家ジュール・サンドーとの共作『ローズとブランシュ』を出版。

1832年

ジョルジュ・サンドのペンネームとしては初めての作品『アンディアナ』出版。

1836年

夫との別居成立。この年、音楽家のショパンと出会う。

1837年

母・ソフィ死去。

1849年

ショパンがパリで死去する。

1876年

死去。

おさえておきたい！ 関連人物

ショパン（1810年～1849年）

ポーランド出身の作曲家、ピアニスト。作曲はピアノ曲が多い。若いうちから才能を発《はっ》揮《き》し、当時から有名だった。

エピソード

「あけぼの」という名

ジョルジュは両親が結婚する前に母・ソフィのお腹に宿った。父・モーリスは王家の血を引く貴族で、母は庶民《しょみん》の出。結婚は現実的ではなかったが、モーリスはジョルジュの誕生前に婚姻届《こんいんとどけ》を提出し、ソフィと正式な結婚をした。そしてモーリスの母の「オーロール」（「あけぼの」の意味）の名をつけられた。

庶民《しょみん》の中で育つ

ジョルジュは幼いころ、母方の家族と庶民の中で育った。父は時折立派な服を着て帰ってくる軍人で、あこがれを抱《いだ》いた。日常生活は庶民だったが、感性や知性は貴族寄りのものとなっていった。

父の死、そして母との別れ

父の死後、母と祖母に育てられることになった。しかし庶民の母と貴族の祖母の関係はやがてうまくいかなくなり、母はジョルジュの教育を祖母に託《たく》して去る。しかし祖母は大好きな母の悪口をジョルジュに話して聞かせたため、ジョルジュはひどく反発した。

情熱的な恋を求めた女性

夫のカジミールとは恋愛結婚だった。深く愛し合い子どももうけたが、夫婦は少しずつすれ違っていく。そしてカジミールと結婚していたころから生涯《しょうがい》において、数多くの男性と恋愛関係となる。その中には有名な作曲家ショパンもいた。

イギリスに繁栄《はんえい》をもたらした女王

イギリス

ビクトリア

生没年　1819年▼1901年

人物紹介

18歳でイギリス女王となる。万国博覧会の開催《かいさい》やスエズ運河購入を行い、イギリスの政治や経済を発展させた。夫を深く愛し、夫の死後40年間、未亡人の服装で過ごした。

おい立ち

1819年

イギリス国王ジョージ3世の孫娘として誕生。

1820年

父が死去。

1836年

いとこのアルバートと出会う。

1837年

即位《そくい》。翌年、戴冠式《たいかんしき》を行う。

1840年

アルバートと結婚《けっこん》。長女出産。

1851年

第1回ロンドン万国博覧会を開催《かいさい》。

1861年

母と夫を相《あい》次いで亡くす。

1869年

スエズ運河開通。アフリカ大陸をまわらずにアジアへ行くことができるようになる。

1877年

インド皇帝《こうてい》兼任を宣言する。

1901年

死去。

おすすめの関連作品！

映画 『ヴィクトリア女王 世紀の愛』

Happinet(SB)(D)（販売元）

2009年のイギリスとアメリカの合作映画。「大英帝国《だいえいていこく》」の黄金期をつくり上げたヴィクトリアの半生を夫のアルバートとの日々を中心に描く。アルバートと出会い、様々な苦難を乗り越えていく。アカデミー賞で衣装デザイン賞を受賞した。

エピソード

王位継承者《けいしょうしゃ》として教育を受ける

父は祖父ジョージ3世の4男だったが、伯父《おじ》たちに正式な結婚での子どもがおらず、ビクトリアは女子でありながら王位継承者となった。そのため当時のイギリスでは女子には不要とされていたラテン語を学んだ。

絵が得意

ビクトリアは絵が得意で、細部にこだわった絵を描《えが》いた。演劇やオペラの気に入った女優の衣装や、戴冠式での人々の衣装などのスケッチが日記に挟《はさ》まれていた。

いとことの結婚

ビクトリアにはたくさんの花婿《はなむこ》候補がいた。その中で母方のいとこであるアルバートとその兄に出会ったが、ビクトリアはアルバートの真面目で知的なところに心を奪《うば》われた。そしてビクトリアからアルバートにプロポーズした。

特大ウェディングケーキ

ビクトリアとアルバートの結婚披露宴《ひろうえん》に登場したケーキは直系約2.7メートル、高さ約3メートル、重さはなんと140キログラムもあったという。このウェディングケーキは日持ちするもので、切り分けて銀や紙の箱に入れ、友人・知人や親戚《しんせき》などに贈《おく》られた。しかし王族として広い交友関係を持つ2人には足りず、追加で100個のケーキが作られた。

看護《かんご》学校を創設《そうせつ》した近代看護教育の母

人物紹介

イギリスの看護師で統計《とうけい》学者。クリミア戦争における負傷《ふしょう》兵《へい》への献身《けんしん》で有名。病院内を衛生《えいせい》的に保つことを訴《うった》えた。世界で初めて宗教系でない看護学校を設立した。

イギリス

フローレンス・ナイチンゲール

生没年　1820年▼1910年

おい立ち

1820年

両親の新婚《しんこん》旅行中、フィレンツェで誕生。

1851年

看護師を志す。

1853年

ロンドンの病院に就職。

1854年

クリミア戦争が起こる。看護師として従軍《じゅうぐん》する。

1856年

クリミア戦争が終わる。最後の患者《かんじゃ》が退院したのち、帰国する。
ビクトリア女王と会見。

1857年

心臓発作で倒《たお》れる。

1860年

ナイチンゲール看護学校設立。

1910年

死去。

ここがポイント！ 用語解説

クリミア戦争

1853年から1856年にかけて、ロシアとオスマン帝国《ていこく》（現在のトルコ）との間で起こった戦争。クリミア半島（現在のロシア・ウクライナ付近）がその舞台《ぶたい》となった。ロシアはオスマン帝国内のギリシア正教《せいきょう》徒《と》の保護を口実にしていたが、実際は地《ち》中海《ちゅうかい》への道を求めてのことだった。これにイギリスとフランスがオスマン帝国の同盟国として参加し、ロシアが敗北した。

エピソード

優《すぐ》れた教育を受ける

裕福《ゆうふく》な家庭に生まれたナイチンゲールは、数か国語を学び、哲学《てつがく》や数学、芸術においても恵《めぐ》まれた教育を受けた。慈善《じぜん》活動なども行い、次第《しだい》に人のためになる仕事を希望するようになる。

無《む》給《きゅう》で働く

ロンドンの病院に就職したものの、これは給料が発生せず、生活費は父に頼《たよ》っていた。裕福な家庭だったからこそできたことである。

看護師への教育を訴える

当時の看護師は単なる病人の世話人とされており、専門《せんもん》的な知識はなかった。ナイチンゲールは専門的教育の必要性を訴えた。

クリミア戦争に従軍

夜間の見回りなどを行い、看護師が「白衣の天使」と呼ばれるようになった。戦争での負傷兵に尽《つ》くしたエピソードが有名だが、クリミア戦争に従軍した2年間のエピソードである。

病院内を清潔《せいけつ》に

軍には衛生委員会が存在したが、ナイチンゲールの訴えにより、病院内を清潔に保つようになると死亡率が目に見えて低くなった。この時代、まだあまり消毒や清潔であることの重要性が広まっていなかった。

中国（清）

西太后（せいたいこう）

生没年　1835年▼1908年

人物紹介

宮廷《きゅうてい》で権力を握《にぎ》った女性。野《や》心《しん》家で、幼い皇帝《こうてい》の後ろ盾《だて》となって政治を行った。目的のためには手段を選ばない部分があり、皇帝暗殺の犯人という説がある。

権力と贅沢《ぜいたく》を好んだ独裁《どくさい》者

おい立ち

1835年

誕生。

1852年

咸豊帝《かんぽうてい》の後宮に入る。

1856年

太子となる男児を出産。貴妃《きひ》に昇《しょう》進《しん》。

1861年

咸豊帝が死去。息子の同治帝《どうちてい》が6歳で即位。東太后《とうたいこう》とともに摂政《せっしょう》となる。

1875年

同治帝が死去。甥《おい》である5歳の光緒《こうしょ》帝《てい》が即位。引き続き摂政を務める。

1881年

東太后が死去。

1889年

光緒帝が西太后の姪《めい》と結婚。これを機《き》に隠居《いんきょ》する。

1898年

光緒帝を幽閉《ゆうへい》し、再び権力を得る。

1908年

光緒帝が死去。同年、死去。

ここがポイント！ 用語解説

清

1616年から1912年まで続いた中国最後の王朝。1840年、イギリスとのアヘン戦争に敗北し、開国した。また1894年には日本と朝鮮《ちょうせん》の支配をめぐって日清戦争が起こり、これも敗北した。ヨーロッパ諸国の勢力の進出が強まるなか、1912年の辛亥《しんがい》革命で滅亡《めつぼう》した。

エピソード

2000着の衣装《いしょう》を持つ

西太后は1つの箱に2、3着の衣装を入れていた。箱は700個近くあり、計2000着もの衣装を持っており、3、4日おきにそれを見て楽しんだという。化粧《けしょう》にも長い時間をかけていたというから、美やファッションに対する並々ならぬこだわりがあったようだ。

西太后と東太后

「西太后」というのは「東太后」と対《つい》になる呼び名で、どちらも皇太后《こうたいごう》である。咸豊帝の死後、東の宮殿《きゅうでん》に住んでいた皇《こう》后《ごう》が「東太后」、太子の母で西の宮殿に住んでいた貴妃が「西太后」と呼ばれるようになった。

息子を遊郭《ゆうかく》に通わせる

息子の同治帝の皇后選びのさい、西太后ではなく東太后のすすめた姫《ひめ》が皇后となった。西太后は皇后に辛くあたり、さらには同治帝が街の遊郭へ通うようにしむけたという。その結果、同治帝は性病にかかった。同治帝は天然痘《てんねんとう》にもかかり、わずか20歳で亡くなった。

光緒帝を毒殺か？

光緒帝は毒殺されたことが明らかになっており、犯人は西太后であるという説がある。しかし証拠《しょうこ》はなく、犯人は現在も特定されていない。ほかにも同治帝の皇后や東太后を死に追いやったのも西太后であるとする説がある。

人物紹介

シシィの愛称《あいしょう》でも知られる。夫に一目惚《ひとめぼ》れされてオーストリアに嫁《とつ》いだが、姑《しゅうと》の大公《たいこう》妃《ひ》ゾフィーとの不仲から不遇《ふぐう》な結婚《けっこん》生活を送った。旅先で王族を狙《ねら》った男に暗殺された。

美に執着《しゅうちゃく》したオーストリア皇妃《こうひ》

オーストリア

エリザベート

生没年　1837年▼1898年

おい立ち

1837年

バイエルン公爵家《こうしゃくけ》に誕生。母方の叔《お》父《じ》はバイエルン国王。

1854年

オーストリア皇帝《こうてい》フランツ・ヨーゼフ１世と結婚。

1855年

長女を出産。

1858年

長男ルドルフを出産。

1867年

オーストリア・ハンガリー二重帝《てい》国《こく》成立。オーストリアだけでなくハンガリーの王妃《おうひ》にもなる。

1872年

大公妃ゾフィーが死去。

1881年

長男ルドルフが自殺。

1898年

スイスにて暗殺される。

おすすめの関連作品！

ミュージカル　**『エリザベート』**

ミヒャエル・クンツェ 作

その美しさからオーストリア皇帝フランツ・ヨーゼフ１世の皇后《こうごう》になったエリザベートは、オーストリア皇室のしきたりに苦しんでいた。自由を求めヨーロッパ中を旅し続けたエリザベートには常に「死」がつきまとっていた。エリザベートの生涯《しょうがい》を描《えが》いた、ウィーン発のミュージカル。日本でも数多く上演されている。

エピソード

幸運の歯

エリザベートは生まれたときすでに歯が１本はえていた。エリザベートが生まれた地方では「幸運の歯」といわれる縁起《えんぎ》のよいものだった。

自由な父のもとおてんばに育つ

エリザベートの父親は公爵としては大変自由な人だった。しきたりにとらわれず、屋敷《やしき》の中庭で自前のサーカス団を興行《こうぎょう》させた。しばしば街にお忍《しの》びで出かけ、居酒屋で歌手のように歌うこともあった。エリザベートをともなっていくこともあり、エリザベートは「チップをもらったこともある。自分が稼《かせ》いだ唯一《ゆいいつ》のお金かもしれない」と言ったという。

姉のお見合い相手に見初められる

姉がいとこでオーストリア皇帝のフランツ・ヨーゼフ１世とお見合いすることになり、エリザベートは母と姉とともにお見合いの席に向かった。しかしフランツはエリザベートに一目惚れし、「彼女と結婚できないならば一生独身で通す」とまで言ったという。

美への執念《しゅうねん》

結婚前はぽっちゃりした体型だったが、出産後のエリザベートは美貌《びぼう》のために努力を続けた。身長172センチメートル、体重50キログラム、ウエスト50センチメートルだった。体型をキープし続けるため、厳しい食事制限を行った。

世界初二度ノーベル賞を受賞した科学者

フランス

マリー・キュリー／キュリー夫人

生没年　1867年▼1934年

人物紹介

女性初のノーベル賞受賞者で、2度もノーベル賞を受賞するという偉業《いぎょう》を達成した人物。夫とともに放射能《ほうしゃのう》の研究に尽《じん》力《りょく》し、医学にも大きな影響《えいきょう》を与《あた》えた。

おい立ち

1867年

ポーランドで誕生。

1891年

パリ大学に入学。

1895年

フランス人のピエール・キュリーと結婚《けっこん》。

1897年

長女を出産。

1898年

夫・ピエールとともに新しい元素のポロニウムとラジウムの発見を発表。（ともに放射性物質）

1903年

夫・ピエールらとともに放射能の研究でノーベル物理学賞を受賞。

1906年

夫・ピエールが事故死。

女性として初めて、パリ大学で講義。

1911年

ノーベル化学賞を受賞。

1934年

死去。

1995年

フランスの国家霊廟《れいびょう》パンテオンに改葬《かいそう》。自らの功績《こうせき》でパンテオンに葬《ほうむ》られた初の女性となる。

ここがポイント！用語解説

ノーベル賞

ダイナマイトの発明者であるアルフレッド・ノーベルの遺《い》言で、彼の遺《い》産《さん》をもとに創設された。世界で最も権威《けんい》ある賞。

エピソード

家庭教師になる

15歳で中学を優秀《ゆうしゅう》な成績《せいせき》で卒業したが、当時のポーランドでは、女性にはその後の高等教育の道が開かれていなかった。しかも家庭も経済的に困っており、マリーは裕福《ゆうふく》な家庭に住み込みで家庭教師として働いた。

パリの大学へ

24歳のとき、パリ大学に入学する。8年も学ぶことから遠ざかっていたマリーは必死に勉強した。そして物理学と数学の学士を取得した。

夫とともに放射能の研究をする

9歳年上のピエールと結婚し、2人の娘をもうけた。夫とは共同研究者でもあり、放射能の研究に尽力《じんりょく》した。これにより癌《がん》の治療《ちりょう》において大きな進歩をもたらした。

夫の突然《とつぜん》の死

ノーベル賞を受賞して間もなく、夫のピエールが馬車にひかれて事故死する。11年の共同研究は唐突《とうとつ》に終わりを告げたが、マリーは研究をやめなかった。

白血病《はっけつびょう》で亡くなる

放射能が癌《がん》治療に有効《ゆうこう》であることはめざましい発見だったが、同時に健康を損《そこ》なう危険があることは当時知られていなかった。マリーは病気で亡くなったが、それは研究のために放射能を長い時間浴《あ》び続けたからだと考えられている。

ロシア

アレクサンドラ

生没年　1872年▼1918年

ロシア帝国《ていこく》最後の皇后《こうごう》

人物紹介

ロシア皇帝ニコライ２世の皇后。ロシア革命によって一家ともども銃殺《じゅうさつ》された。霊《れい》能者《のうしゃ》ラスプーチンを重用《ちょうよう》し、国民からの評判は悪かったが、母として愛情深い女性だった。

おい立ち

1872年

ドイツで誕生。

1884年

姉の結婚式《けっこんしき》でロシア帝国の皇太子《こうたいし》ニコライに出会う。

1894年

ニコライ2世の即位後、結婚。皇后となる。

1895年

長女を出産。以後、4人の娘をもうける。

1904年

男児を出産。

1905年

ラスプーチンと出会う。

1916年

ラスプーチン暗殺。アレクサンドル公園に埋葬《まいそう》させる。

1917年

ロシア革命が起こり、ニコライ2世が退位させられる。皇帝一家に逮捕《たいほ》状《じょう》が出される。

1918年

一家で処刑《しょけい》される。

おすすめの関連作品！

アニメ映画 **『名探偵コナン 世紀末の魔術師』**

ビーヴィジョン（販売元）

主人公・江戸川《えどがわ》コナンのライバルである怪盗《かいとう》キッドから、ロマノフ王朝の遺産《いさん》インペリアル・イースター・エッグを盗《ぬす》むという予告状が届く。そんな中、エッグをめぐって殺人事件が起きる。

エピソード

恋愛結婚

姉の結婚式で出会ったニコライとは、恋愛結婚だった。出産後、皇族としては珍《めずら》しく自ら母乳《ぼにゅう》を与《あた》えて育てたという。

皇子の病に悩む

待望の男児を出産するも、皇子は病気だった。これはアレクサンドラからの遺伝《いでん》による病気だった。罪悪感《ざいあくかん》を抱《いだ》いたアレクサンドラは霊能者ラスプーチンに傾倒《けいとう》する。アレクサンドラはラスプーチンが神の使いだと信じていた。

負傷《ふしょう》兵を看護する

戦争が起こったさい、アレクサンドラは看護師の訓練《くんれん》を受けた。そして軍人専用の病院を開設《かいせつ》し、皇后であるアレクサンドラ自ら多数の兵士を看護した。

「ドイツ女」と蔑《さげす》まれる

ニコライ2世が戦争で宮殿《きゅうでん》を空けるようになると、アレクサンドラが事実上の摂政《せっしょう》となった。アレクサンドラはラスプーチンの意見を聞きすぎるところがあり、周囲からの不満は日に日に高まっていった。民衆《みんしゅう》は軽蔑《けいべつ》を込《こ》めて外国人のアレクサンドラを「ドイツ女」と呼んだ。

家族とともに銃殺《じゅうさつ》される

革命が起きて逮捕されたあと、裁判もなく一家の処刑が決定した。銃殺されたアレクサンドラたちの遺体は1990年代に発掘《はっくつ》され、改葬《かいそう》された。

三重苦《さんじゅうく》を乗《の》り越《こ》えた奇跡《きせき》の女性

人物紹介

幼くして視覚《しかく》と聴覚《ちょうかく》を失った女性。好奇心旺盛《こうきしんおうせい》、学ぶことにも熱心で大学を卒業した。最初は喋《しゃべ》れなかったが発声法を学び、精力的に講演をするまでになった。

アメリカ

ヘレン・ケラー

生没年　1880年▼1968年

おい立ち

1880年

誕生。

1882年

高熱を出し、盲聾《もうろう》となる。

1887年

家庭教師のアン・サリバンと出会う。点字の学習を始める。

1889年

パーキンス盲学校に入学。

1894年

ニューヨークのライト・ヒューマソン聾《ろう》学校に入学。2年間在籍《ざいせき》。

1896年

聾《ろう》唖《あ》教育協会の大会で講演。

1899年

ラドクリフ・カレッジに合格。

1904年

ラドクリフ・カレッジを卒業。講演や執筆《しっぴつ》を精力的に行う。

1918年

アンとともに映画『救い』に出演。

1936年

アン・サリバンが死去。

1937年

初めて日本を訪問。

1968年

死去。

おすすめの関連作品！

戯曲 『奇跡の人』

ウィリアム・ギブソン 作

ヘレンと家庭教師サリバンを描《えが》く舞《ぶ》台《たい》作品。1959年にアメリカで初演、のちに映画化もされた。

エピソード

高熱によって視覚と聴覚を失う

1歳8か月のとき、数日間高熱が続き、視覚と聴覚に障害《しょうがい》を持った。目はかすかに明暗《めいあん》を感じることはできたという。あまりに幼かったため、言葉を覚える前だった。そのため見えず、聞こえず、話せずの三重苦となった。コミュニケーションが難しいため、しつけなどもなかなか身につかなかった。

厳しい先生

7歳のころ、家庭教師のアン・サリバンと出会う。ヘレンは思い通りにならないと暴れたため、アンは厳しく指導した。ヘレンの父親が指導《しどう》を邪魔《じゃま》してしまったほどで、アンは屋敷《やしき》の別棟《べつむね》でヘレンと2人だけの生活を始めた。

愛犬家

かなりの愛犬家で、幼少期から犬を飼っていた。日本から秋田犬が贈《おく》られたこともあった。ただし盲導犬《もうどうけん》に頼《たよ》った記録はない。

物に名前があることを知る

アンは手のひらに文字を書いて言葉を教えようとしたが、ヘレンにはその意味がわからなかった。あるとき片方の手に井《い》戸《ど》の水が触《ふ》れているときに、もう片方の手にアンが「water（水）」と書いた。これまでアンに書かれた文字が物の名前であることをようやく悟《さと》る。この気づきのあと、ヘレンは貪欲《どんよく》に言葉を覚えていく。

謎《なぞ》を残したロシア皇女《こうじょ》

ロシア

アナスタシア

生没年　1901年▼1918年

人物紹介

ロシア皇帝《こうてい》ニコライ２世の第４皇女。ロシア革命で一家が銃殺《じゅうさつ》されたあと、その遺体《いたい》は未確認とされていた。後世の研究で家族とともに死亡していたことが確認された。

おい立ち

1901年
誕生。

1904年
弟・アレクセイが誕生。

1914年
第一次世界大戦が起こる。

1917年
ロシア革命が起こる。

1918年
死去。

おすすめの関連作品！

アニメ映画 **『アナスタシア』**

20世紀フォックス・ホーム・エンターテインメント・ジャパン（販売元）

ラスプーチンの呪《のろ》いによってロシア革命が起こる。ニコライ2世の末娘アナスタシアは、召使《めしつか》いの少年に助けられて生き延びたが、行方不明になっていた。それから10年。皇太《こうたい》后《ごう》がアナスタシアをさがし出した者には褒美《ほうび》を与《あた》えるというニュースが出回る。詐欺師《さぎし》ディミトリとウラジミールは、偽物《にせもの》のアナスタシアを仕立て上げ、褒美をだまし取ろうと計画した。一方そのころ、記憶《きおく》を失ったまま孤児院《こじいん》で10年を過ごした女性アーニャが、過去の所持品を頼《たよ》りにパリを目指す。アーニャに出会ったディミトリとウラジミールは、彼女こそアナスタシア役にうってつけだとアーニャをだましてパリに連れていく。アナスタシアがもし生きていたら？　という仮説をもとに作られたストーリー。

エピソード

皇帝夫妻の末娘

アナスタシアはニコライ2世とアレクサンドラの末娘として誕生した。かなりのおてんばだったようだ。

負傷《ふしょう》兵を見舞《みま》う

第一次世界大戦中は姉のマリアとともに病院を訪問《ほうもん》し、兵士を見舞っている。まだ幼かったため、母や姉たちのように赤《せき》十字《じゅうじ》病院で働くことができなかった。

趣味《しゅみ》はカメラ

アナスタシアは写真を撮《と》るのが大好きで、いつもカメラを持っていた。カメラを固定し、自撮《じど》りも行っていたようである。アナスタシアが撮影《さつえい》した写真を集めた写真集は、日本でも出版されている。

生存説

処刑《しょけい》のさい立ち会った兵たちの何人かが、生存者がいたならば救出する隙《すき》があったのではないかと語っている。そのためか、その後自分がアナスタシアだという女性が次々出てきた。アナスタシアであることを証明する裁判《さいばん》を起こし、負けた女性もいた。

死亡が確認される

1990年代に一家の遺骨《いこつ》が森から発掘《はっくつ》された。この遺骨の詳《くわ》しい調査により、1918年に一家全員が殺害されており、生存者はいなかったことが証明された。アナスタシアは17歳で死んでいたのだ。

コラム12 第一次世界大戦

1914年、オーストリア皇太子《こうたいし》夫妻がセルビアの青年に暗殺されたことが発端《ほったん》となって世界大戦が起こる。ヨーロッパの強国はフランス・イギリスらの連合国、ドイツ・オーストリアらの同盟国のどちらかに味方し、日本は連合国側として参戦した。

戦闘《せんとう》にはそれまでにはなかった飛行機、トラック、戦車、潜水艦《せんすいかん》、毒ガスなどが使われた。兵士だけでなく、一般市民や経済・思想などあらゆる分野の力を結集した総力戦となった。

❖アジアの植民地《しょくみんち》が発展《はってん》する

ヨーロッパの国々は本国はもちろん、アジアの植民地からも労働力や物資の調達《ちょうたつ》をした。植民地支配は強まったが、軍服や靴《くつ》、鉄道のレールなどの注文が増えたために、工業などが発展した。

❖女性の社会進出が進む

それまで女性は家庭を守る者として外で働くことはなかったが、軍需《ぐんじゅ》工場（軍に必要な物資を製造する工場）に女性たちが動員された。そのため、戦後に女性の社会進出が進んだという。

❖終結

1917年3月、長期戦に耐《た》えられなくなったロシアで革命が起こる（ロシア革命）。さらに、中立の立場だったアメリカが連合国側として参戦し、1918年11月にドイツが降伏《こうふく》。同盟国側の敗北で4年あまり続いた第一次世界大戦は終結した。

コラム13

ロシア革命

ロシア革命とは1917年3月と11月にロシアで起こった2度の革命のことで、それぞれ三月革命と十一月革命と呼ばれる。

農業国だったロシアは1890年代から工業化が進められていた。しかし国民の多くが貧しいままで、国民の不満は高まっていた。1905年以降、各地で農民の暴動や水兵の反乱が起こったが、政府により抑《おさ》えられ、政治体制は変わらなかった。

❖ロマノフ王朝が終焉《しゅうえん》した三月革命

1914年、ロシアは第一次世界大戦に参戦する。これにより国内は深刻な食糧《しょくりょう》不足に悩《なや》まされた。そして1917年3月、ついに首都ペトログラード（現在のサンクトペテルブルグ）で反乱が起きる。これをきっかけに各地に「ソビエト」（評議会）が結成された。政府はこの反乱を収めることができず、皇帝《こうてい》ニコライ2世は退位、ロシア帝国《ていこく》は終わりを告げた（三月革命）。そして7月、皇帝一家は銃殺《じゅうさつ》されるのである。

❖レーニンが指導した十一月革命

4月になると指導者レーニンが臨時《りんじ》政府を倒すことや戦争の即時中止を訴《うった》える。そして11月、レーニンの指導のもと、武力で臨時政府を打倒、ソビエト政権が打ち立てられた。これが1922年に成立するソビエト連邦《れんぽう》（ロシアやウクライナなど4つの国からなる連邦国家）へとつながっていく。

環境《かんきょう》問題を訴《うった》えたキャリアウーマン

人物紹介

化学物質による環境汚染《かんきょうおせん》を警告した『沈黙《ちんもく》の春』で有名な生物学者兼《けん》女流作家。公務員として働きながら、作家として海を題材にした作品を書く生活を送った。

アメリカ

レイチェル・カーソン

生没年　1907年▼1964年

おい立ち

1907年

誕生。

1918年

雑誌に投稿《とうこう》した作文が掲載《けいさい》される。

1926年

大学を卒業。海洋生物研究所で研修を受ける。同年、大学院入学。

1932年

海洋生物学の修士号を取得。

1935年

父が死去。生活のため、ラジオ番組の台本執筆《しっぴつ》のアルバイトをする。

1936年

公務員試験にトップの成績で合格し、生物学者として採用される。

1941年

処女作《しょじょさく》『潮風の下で』出版。

1952年

公務員を辞職。

同年、作品が映画化される。

1962年

『沈黙の春』を出版。

1963年

『沈黙の春』が日本を含《ふく》む各国で翻《ほん》訳《やく》、出版される。

1964年

死去。

おすすめの関連作品！

随筆 **『センス・オブ・ワンダー』**

レイチェル・カーソン 作・上遠恵子 訳／新潮社

自然を探検し、発見する喜びを描《えが》いた作品。『レイチェル・カーソンの感性の森』という映画にもなった。

エピソード

農薬の危険を訴えた『沈黙の春』

作品の中で取り上げられている殺虫剤《さっちゅうざい》は当時、人体には影響《えいきょう》はないと信じられていた。病気を運ぶ虫を殺すのに有効で、病気にならないために体に殺虫剤を振《ふ》りかける人もいたほどだった。レイチェルはそんな世間に警鐘《けいしょう》を鳴らし、『沈黙の春』は今や20か国語以上に翻訳され、世界各地で読まれている。

才能を発揮《はっき》した少女時代

幼いころから優秀《ゆうしゅう》で、成績はトップクラスだった。母に自然の美しさや物語の楽しさを教えられて育ち、作家を志す。10歳のときに子ども向け雑誌に投稿した作文が銀メダルを取る。ベストセラー作家となったあとも「あの銀メダルの喜びにかなうか疑わしい」と語っている。

海へのあこがれ

レイチェルが生まれ育ったのはアメリカの内陸部で海が遠かった。当然海を見たことはなかったはずだが、あこがれはこのころから抱《いだ》いていたようだ。

2つの道で迷った大学時代

大学に入って生物学と出会い、夢中になったレイチェルは、作家と生物学者の2つの道で迷う。そして生物学者の道を選ぶが、文学的才能を認めていた学長は大変残念がった。このときはレイチェル自身、のちに作家と学者の両方になれるとは思っていなかった。

ノーベル平和賞を受賞したカルカッタの聖女

インド

マザー・テレサ

生没年　1910年▼1997年

人物紹介

カトリックの修道女《しゅうどうじょ》。テレサは洗礼《せんれい》名。貧しい人々のために尽《つ》くした。インドのカルカッタで活動したことから「カルカッタ（コルカタ）の聖女」とも呼ばれる。

おい立ち

1910年

誕生。本名はアグネス。

1928年

アイルランドの修道女会に入る。

1929年

カルカッタの聖マリア学院で地理と歴史を教える。

1948年

修道院外居住の特別許可を得て、スラム街で無料授業を行う。

1971年

ヨハネ23世教皇平和賞の最初の受章者となる。

1979年

ノーベル平和賞を受賞。

1983年

ローマで心臓発作を起こす。

1993年

心臓の手術を受ける。

1997年

死去。インドで国葬《こくそう》される。

2003年

列福《れっぷく》される。

2016年

列聖《れっせい》される。

ここがポイント！ **用語解説**

福者・聖人

カトリック教会で特に信仰心が厚く、教えのために自らの身をなげうって尽くした人や徳を積んだ人に与えられる称号《しょうごう》。教皇によって列聖され、聖人となる。福者は聖人に次ぐ称号。

エピソード

12歳で人生を決める

テレサは実業家の裕福《ゆうふく》な家庭に生まれた。カトリック教徒で信仰心《しんこうしん》の厚い両親は積極的に施《ほどこ》しなどを行った。テレサは12歳のときには、将来修道女になることを望んでいたという。

カルカッタで貧富《ひんぷ》の差を見る

カルカッタでは最初、上流階級の子女を教えていた。教師として大変人気があったようだ。しかしテレサの目にはスラム街の貧しい姿が映っており、特別許可を得て、テレサはスラム街へと移住する。

ノーベル平和賞受賞

ノーベル賞受賞者には多額の賞金が与《あた》えられるが、テレサはこれをすべてカルカッタの貧しい人のために使った。授賞式にもいつもの質素な姿で現れ、豪華《ごうか》な晩餐《ばんさん》会は必要ないと言ったという。

ホスピスを創設

インド政府の協力で廃寺《はいじ》を譲《ゆず》り受けたテレサは、「死を待つ人々の家」というホスピスをつくった。これ以後、ホスピスや児童養護施設《じどうようごしせつ》を開設していく。

カトリック教会の福者となる

テレサの死後、すぐに列福に向けて調査が始められた。通常は死後5年以上たっていなければいけない規則だったが、テレサは生前から功績《こうせき》や評判が高かったために、教皇が例外的に推《お》し進めたという。

ユダヤ人迫《はく》害《がい》の中で命を落とした少女

ドイツ

アンネ・フランク

生没年　1929年▼1945年

人物紹介

ユダヤ系ドイツ人。第二次世界大戦ごろ、ドイツ軍のユダヤ人迫害によって不遇《ふぐう》な人生を送った。隠《かく》れ家での生活の中で書いた『アンネの日記』は世界各地で読まれている。

おい立ち

1929年

ドイツにて誕生。実家は銀行業を営む。

1934年

父がオランダで事業に成功し、家族で移り住む。

1935年

小学校に入学。

1938年

「水晶の夜（クリスタルナハト）」と呼ばれるユダヤ人への暴動が起こる。これにより母方の伯父《おじ》2人が逮《たい》捕《ほ》される。

1939年

第二次世界大戦が起こる。

1940年

ドイツ軍がオランダを占領《せんりょう》。

1942年

ユダヤ人中学に入学。誕生日に父から日記帳をもらう。家族で隠れ家に身を寄せる。

1944年

隠れ家が見つかり、ドイツ軍に逮捕される。いくつかの収容所で強制労働。

1945年

ベルゲン・ベルゼン収容所で死去。その10日後に収容所が解放される。第二次世界大戦が終わる。

1946年

アンネの日記が父のもとへ渡《わた》る。

1947年

オランダ語の『アンネの日記』が出版される。

エピソード

ドイツの迫害

アンネが生まれたころ、ドイツではゲルマン人こそが高貴な者であるとして、それ以外の人種を差別する動きが強まった。アンネたちユダヤ人だけでなくロマや有色人種なども差別の対象となり、様々な権利を奪《うば》われた。

あだ名は「ガアガアおばさん」

もともと規則にしばられることが苦手なアンネは、小学校に入学してからものびのびと過ごした。同じユダヤ人の友達と仲良くなり、「ガチョウのようにやかましい」と先生から言われ「ガアガアおばさん」のあだ名がつけられた。

作文が得意

アンネは迫害によりユダヤ人だけが集められた中学に入った。ただユダヤ人の大学教授なども中学で教えるしかなかったため学問の環境《かんきょう》としてはよかったようである。相《あい》変わらずおしゃべりが好きなアンネは、おしゃべりが過ぎて作文の罰則《ばっそく》を受けることがあったが、あっという間に完成させた。ただし数学は苦手だったようで、進級はぎりぎりだった。

「キティー」への手紙

中学では日記やエッセイを書くことが流行していた。アンネは父からもらった日記に「キティー」と名づけ、「キティー」への手紙として自分のことや家族のことなどを書くようになった。

コラム 14

第二次世界大戦

第二次世界大戦はドイツ、日本、イタリアの日独伊《にちどくい》三国同盟を中心とする枢軸国陣営《すうじくこくじんえい》と、イギリス、ソビエト連邦《れんぽう》（ロシア）、フランス、アメリカなどの連合国陣営が戦った史上最大の戦争。

1939 年、ドイツが突然ポーランドに侵攻《しんこう》した。これに対しイギリスとフランスがドイツに宣戦布告し、第二次世界大戦が始まる。ドイツは次々と周辺諸国を占領《せんりょう》していった。

❖真珠湾攻撃《しんじゅわんこうげき》から太平洋《たいへいよう》戦争へ

1940 年 12 月、日本がハワイの真珠湾を攻撃して太平洋戦争が始まる。日本はフィリピンなど東南アジアと太平洋の島々を占領していった。

❖ 2 度の原爆《げんばく》投下、そして無条件降伏《こうふく》へ

1942 年半ばから、連合国側の反撃《はんげき》が始まる。1943 年にイタリアが、1945 年 5 月にはドイツも降伏《こうふく》した。1945 年 3 月にはアメリカ軍が日本の沖縄に上陸。東京などの各都市も連日の空襲《くうしゅう》で焼け野原となっており、敗北は確実だった。7 月に日本に降伏を求めたポツダム宣言が発表されたが、日本はこれを黙殺《もくさつ》した。そして 8 月 6 日に広島、9 日には長崎に原子爆弾《げんしばくだん》が投下され、多数の死傷者《ししょうしゃ》が出た。8 月 14 日に日本はポツダム宣言を受け入れ、第二次世界大戦が終結する。戦争の終結が日本国民に発表された 8 月 15 日は「終戦の日」となっている。

日本（幕末〜近代）編

国が大きく変わった激動の時代。新しい生き方を切り開いた女性たちはどう生きたのか。

江《え》戸《ど》城《じょう》を明け渡《わた》した薩摩《さつま》出身の御《み》台所《だいどころ》

幕末

天璋院／篤姫

（てんしょういん）（あつひめ）

生没年　1836年▼1883年

人物紹介

第13代将軍・徳川家定《とくがわいえさだ》の御台所(正室)。戊辰《ぼしん》戦争のさい、江戸城を明け渡した人物。結婚《けっこん》後、1度も故郷の薩摩（現在の鹿児島）に戻《もど》らなかった。

おい立ち

1836年

鹿児島にて誕生。名は一子《かつこ》。

1853年

薩摩藩主・島津斉彬《しまづなりあきら》の養女となる。篤子《あつこ》と改名する。結婚準備のため、京都の近衛《このえ》家に入る。

1855年

江戸大地震が起こる。婚儀《こんぎ》が延期《えんき》される。

1856年

近衛家の養女となる。名を敬子《すみこ》と改める。江戸城に移り、徳川家定と結婚する。

1858年

家定が死去。出家《しゅっけ》して天璋院と号する。

1868年

江戸城開城。

1883年

死去。

おすすめの関連作品！

大河ドラマ **『篤姫』**

NHK 制作

薩摩から徳川へ嫁《とつ》ぎ、幕末の動乱を生きた天璋院の生涯《しょうがい》を描《えが》いた。

おさえておきたい！関連人物

徳川慶喜《とくがわよしのぶ》(1837年～1913年)

江戸幕府最後の将軍。第14代将軍の家茂《いえもち》と家督《かとく》を争い敗れたものの、家茂の死後、第15代将軍となった。「大政奉還《たいせいほうかん》」を行った。

エピソード

島津斉彬の実子に？

徳川家に嫁《とつ》いださい、島津斉彬の実子として届けられている。これは将軍の正室となるためには養女では身分が低いとの判断と思われる。1835年誕生という記録もあるが、これも斉彬が島津に帰国していた時期と合わせるための偽装《ぎそう》工作の1つではないかといわれる。

短い結婚生活

家定は正室を2度亡くしており、篤姫は家定の3人目の御台所となる。しかし家定の死により、結婚生活は2年にも満たなかった。子どもはできなかった。家定は幼少期に疱瘡《ほうそう》にかかっており、これが原因ではないかともいわれる。

徳川の女として生きる

家定の死後、天璋院には何度か里帰りの話が持ち上がっている。しかし「1度嫁《とつ》いだからには帰ることはない。帰れというならば自害する」と懐剣《かいけん》を握《にぎ》りしめて言ったという。明治維新《めいじいしん》後、薩摩からの資金援助《えんじょ》さえ断っていた。

徳川家を守る

明治維新のさい、天璋院は徳川家存続のために手を尽《つ》くした。徳川家の墓や領地の維持《いじ》を願い、天璋院が政府へ送った嘆《たん》願書《がんしょ》が残されている。そして江戸城を明け渡したのち、天璋院は徳川家後継者《こうけいしゃ》の養育にあたった。江戸時代が終わったあとも、徳川家を守り続けたのである。

幕末

政治の思惑《おもわく》に翻弄《ほんろう》された幕末《ばくまつ》の皇女

和宮（かずのみや）

生没年　1846年▼1877年

人物紹介

仁孝《にんこう》天皇の第8皇女。兄は孝明《こうめい》天皇。許嫁《いいなずけ》がいたが、朝廷《ちょうてい》と幕府《ばくふ》の結びつきを強化するため、第13代将軍・徳川家茂《とくがわいえもち》と結婚《けっこん》。家茂死後も徳川家存続のために尽《つ》くした。

おい立ち

1846 年

京都にて誕生。

1851 年

皇族の有栖川宮熾仁親王《ありすがわのみやたるひとしんのう》と婚約《こんやく》。

1859 年

熾仁親王との結婚が翌年に内定。

1860 年

徳川家茂との結婚が決まる。

1861 年

内親王《ないしんのう》の称号《しょうごう》と親子《ちかこ》の名を与《あた》えられる。江戸に入る。

1862 年

結婚。

1866 年

家茂が京都で死去。出家《しゅっけ》して静寛院《せいかんいん》と名乗る。

1868 年

江戸城開城。

1869 年

住まいを京都へ移す。

1874 年

東京へ再び移住する。

1877 年

病気療養《りょうよう》のため滞在《たいざい》した箱根《はこね》にて死去。

おさえておきたい！ 関連人物

孝明《こうめい》天皇（1831 年～ 1866 年）

仁孝天皇の第 4 皇子で和宮の兄。明治天皇の父。開国後に結ばれた相手国との貿易を認めた通商条約に反対した。若くして亡くなり、毒殺説がある。

エピソード

父を知らずに誕生

父の仁孝天皇は、和宮の誕生前に亡くなっている。母の実家で誕生した和宮は、そのまま母の実家で養育された。

結婚直前に破談《はだん》

6 歳で熾仁親王と婚約した。15 歳のころには婚礼《こんれい》の準備を進めていたが、将軍・家茂との縁談《えんだん》のため破談となる。これには朝廷と幕府を結びつける公武合体《こうぶがったい》という政治的思惑があり、和宮しか適当な姫《ひめ》がいなかったのである。和宮は宮中に赴《おもむ》き、将軍家との縁談を 1 度は断った。

兄のために結婚を受け入れる

和宮と家茂の縁談がまとまらないならば、天皇は位をおりることを本気で考えていた。和宮には不本意な縁談だったが、兄である天皇のために受け入れた。

降嫁《こうか》の条件

降嫁（皇女が皇族以外の者に嫁《とつ》ぐこと）にあたって、和宮は江戸城で御所《ごしょ》風の生活を守ることなど 5 つの条件を出した。しかしこの「御所風の生活」はほとんど守られなかった。

仲睦《なかむつ》まじい夫婦

不本意な結婚だったが、夫婦仲はよかったようだ。侍女《じじょ》の日記には和宮が家茂の乗馬を見学していたことや、家茂が和宮へのお土産《みやげ》に金魚を贈《おく》ったことなどが書かれている。

「幕末のジャンヌ・ダルク」と呼ばれた武士の娘

幕末〜明治

新島八重（にいじまやえ）

生没年　1845年▼1932年

人物紹介

会津藩《あいづはん》（現在の福島県）で砲《ほう》術師範《じゅつしはん》を務めた山本家の娘。同志社《どうししゃ》大学の創立者・新島《にいじま》襄《じょう》の妻として有名。自身も私塾《しじゅく》を開き、これが同志社女子大学の前身となった。

おい立ち

1845年

誕生。

1857年

学者の川崎尚之助《かわさきしょうのすけ》と出会う。

1865年ごろか

尚之助と結婚《けっこん》。

1868年

会津戦争。このころ事実上の離婚《りこん》。

1871年

家族で京都に移住する。

1872年

女紅場《にょこうば》（女子に裁縫《さいほう》や読み書きを教える施設《しせつ》）で住み込《こ》みで働く。

1875年

新島襄と出会う。襄が同志社英学校（のちの同志社大学）を開校。

1876年

キリスト教の洗礼を受け、襄と結婚。

1876年

私塾を開く（のちの同志社女子大学）。

1890年

襄が死去。

1932年

死去。

おさえておきたい！ 関連人物

新島襄《にいじまじょう》（1843年～1890年）

アメリカに密航して大学を卒業し、のちにキリスト教の牧師《ぼくし》となる。岩《いわ》倉《くら》使節団にも加わり、アメリカおよびヨーロッパの教育を学んだ。帰国後に同志社英学校を創立。

エピソード

男勝《まさ》りな少女

手芸や機織《はたお》り、薙刀《なぎなた》などを習った。裁縫《さいほう》はあまり得意ではなかったようである。近所に住む男の子に銃《じゅう》の撃《う》ち方を教えたさい、男の子が発砲《はっぽう》音に驚《おどろ》いて目をつむるのを叱《しか》ったという。

幕末《ばくまつ》のジャンヌ・ダルク

女子は薙刀《なぎなた》で戦うのが普通だったが、八重は銃《じゅう》を選んだ。会津戦争のさい、銃と刀を持ち、亡くなった弟の着物で男装して戦った。これら武勇伝《ぶゆうでん》から「幕末のジャンヌ・ダルク」や「会津の巴御前《ともえごぜん》」などと呼ばれた。

力持ち

八重は昔から力持ちだった。13歳のときに60キログラムの俵《たわら》を4回も上げ下げした。会津戦争のさい、普通の女性が1箱運ぶのがやっとだった弾丸《だんがん》を1人で2箱まとめて運んだ。さらに京都では80キログラムの兄を肩《かた》に担《かつ》いで運んだと、力持ちエピソードには事欠《ことか》かない。

先進的な夫婦生活

八重は夫を「襄」と呼び捨てにし、レディファーストで夫より先に人力車《じんりきしゃ》に乗るなどした。夫を立てることが当たり前の当時、こうした男女平等の生活スタイルは人々には受け入れられず、悪妻《あくさい》などと悪口を言われた。しかし襄は八重のそうした自立的な部分に惚《ほ》れており、夫婦生活は上手くいっていた。

コラム15 江戸時代の終焉《しゅうえん》

200年以上も戦乱のない平和な時代が続いた江戸時代であったが、幕府《ばくふ》の財政悪化や相《あい》次ぐ飢饉《ききん》などにより、次第《しだい》にほころびをみせるようになっていった。

❖黒船来航《くろふねらいこう》

1853年、アメリカの軍司令長官・ペリーが蒸気船《じょうきせん》4隻《せき》とともに現れた。圧倒的《あっとうてき》な武力と高圧的な態度で開国を迫《せま》り、日本は開国した。こうして外国との貿易が開始されると、物価が上がるなどして人々の生活が苦しくなり、また武士や大名から、開国や幕府の政治に反対する声も出てくるようになった。

❖大政奉還《たいせいほうかん》

幕府を倒《たお》そうという動きが強まり、1867年に15代将軍・徳川慶喜《よしのぶ》は朝廷《ちょうてい》に政権を返上する「大政奉還」を京都の二条城《にじょうじょう》で宣言する。これにより約260年続いた江戸時代は終わりを告げる。

❖戊辰戦争《ぼしん》

明治元年にあたる1868年、薩摩《さつま》・長州藩《ちょうしゅうはん》（現在の鹿児島と山口）を中心とする新政府軍と、会津藩を中心とする旧幕府軍が戦《いくさ》を起こした（戊辰戦争）。新島八重《にいじまやえ》が戦った会津戦争もこの戦いの1つだった。天璋院《てんしょういん》や和宮《かずのみや》のいる江戸にも軍が進められていたが、江戸城は戦になることなく無血《むけつ》開城した。新政府軍はその後も軍を進め、1869年には旧幕府軍を降伏《こうふく》させて戊辰戦争は終結した。

コラム16

明治維新《いしん》

260 年あまり続いた江戸幕府が倒《たお》れ、明治新政府が成立すると、新政府は欧米《おうべい》諸国のような近代国家をつくろうと様々な改革を行う。これによる政治や社会などの変革を「明治維新」という。

❖廃藩《はいはん》置県《ちけん》

新政府は大名が支配していた領地を国に返還《へんかん》させた（版籍奉《はんせきほう》還《かん》）。しかし大名がそのまま藩政《はんせい》を行い、体制は変わらなかった。1871 年、藩を廃《はい》して県を置き、全国的に統一された政治を行った。

❖身分制度の廃止《はいし》

これまでの身分制度を廃止し、異なる身分同士での結婚《けっこん》や職業が自由に選択できるようになった。

❖維新の三大改革（学制《がくせい》・徴兵令《ちょうへいれい》・地租改正《ちそかいせい》）

富国強兵をスローガンに新政府が行った中で特に大きなものが次の 3 つである。

学制………すべての男女が学べるように学校を置いた。

徴兵令……満 20 歳以上の男子に軍役《ぐんえき》を課した。

地租改正…それまで租税《そぜい》は農民が米で納めていたが、土地の所有者に地価《ちか》の 3%を現金で納めさせた。

しかしこれらの改革は国民に負担をかけ、一揆《いっき》なども起こった。また外国を手本にしたために日本の地域性に合わないなどの問題があり、最初は上手くいかなかった。

明治

広岡浅子

（ひろおかあさこ）

生没年　1849年▼1919年

「九転十起《ここのつころびとおおき》」がモットーの女性実業家

人物紹介

大阪の女性実業家。婚家《こんか》の危機を支え、加島《かじま》銀行の創設《そうせつ》に尽力《じんりょく》した。日本女子大学校の発起人《ほっきにん》の１人でもある。雑誌に寄稿《きこう》するさいは「九転十起《きゅうてんじっき》生《せい》」のペンネームを使った。

おい立ち

1849 年

京都の豪商《ごうしょう》・三井《みつい》家にて誕生。

1865 年

大阪の豪商・広岡信五郎《しんごろう》と結婚《けっこん》。

1876 年

娘を出産。

1886 年

九州の炭鉱《たんこう》を購入《こうにゅう》、経営する。

1888 年

加島銀行を創設する。

1896 年

日本女子大学校の発起人の１人となる。

1900 年

三井家が大学校のための土地を寄付する。

1901 年

日本女子大学校が開校。

1902 年

大同《だいどう》生命保険株式会社を創業。

1904 年

夫の信五郎が死去。

1911 年

大阪教会で洗礼を受け、キリスト教徒となる。

1919 年

東京の別宅で死去。

ここがポイント！ **用語解説**

明治《めいじ》時代の女性

明治期の女性は「幼いときは父兄に従い、嫁いだら夫に従い、老いたら子に従う」という三従《さんじゅう》が原則的。女性が男性に従うのは当然だった。

エピソード

読書を禁止された少女時代

浅子は好奇心旺盛《こうきしんおうせい》で読書や学問を好んだ。しかし女性が知識を持つと生意気になって男性から嫌《きら》われ、縁談《えんだん》が遠のくという風潮《ふうちょう》がある時代だったため、学問を禁じられた。隠《かく》れて読書をしていただけでいたずらっ子のように叱《しか》られたという。

婚家で商売の勉強をする

夫の信五郎は浅子が政治や商売の話をしても怒《おこ》らなかった。信五郎自身が商売に関心が薄《うす》く、広岡家自体がのんびりとした家風《かふう》だったためである。浅子は嫁《とつ》いでから寝《ね》る間も惜《お》しんで独学《どくがく》で勉強した。

不良債権《ふりょうさいけん》の山に驚《おどろ》く

浅子の嫁ぎ先の加島屋は両替商《りょうがえしょう》（現在の銀行のようなもの）をしていた。多くの大名《だいみょう》に金を貸していたが、明治維新《めいじいしん》という激動《げきどう》の時代の中、これらは不良債権（貸したお金が返ってこないこと）になってしまった。加島屋は倒産《とうさん》の危機となり、浅子は自ら金策《きんさく》に奔走《ほんそう》した。

洋服を好む

大正《たいしょう》時代になると洋装も一般的になったが、それは東京でのことで、地方ではまだまだ珍《めずら》しかった。そんな中、浅子は洋服を好んだ。いつごろから着ていたのかは不明だが、晩年の写真には正装から普《ふ》段着《だんぎ》までほとんど洋服で写っている。ただし愛好《あいこう》したのは「動きやすいから」という合理的《ごうりてき》な理由だった。

コラム17

女性の教育

❖寺子屋《てらこや》が広まる

江戸《えど》時代の初めまで、学問は庶民《しょみん》には必要なく、小学校のような教育機関がなかった。次第《しだい》に文字習得の必要性が高まり、寺子屋という手習所《てならいじょ》が広まる。そこでは読み書きだけでなく、礼儀《れいぎ》作法やそろばん、女児には加えて裁縫《さいほう》などが教えられた。

❖学校に行くより働く

明治《めいじ》になり小学校が作られたものの、農家にとっては子どもも大事な労働力で、学校に通うことは難しかった。明治後期には入学率は 100%近くなるがその後退学するケースが多く、とくに女児は 1900 年ごろ、40%弱が退学していたという。

❖男子教育との差

明治政府は女子の教育に「良妻賢母《りょうさいけんぼ》（よき妻、かしこい母であること）」を掲《かか》げており、男子中学校が 5 年制であったのに対し、高等女学校（女子の中学校）は 4 年と短かった。女性が職業を得る時代ではなく、男子のような学問は必要ないとされていた。

❖勉強できる工場が人気に

製糸《せいし》工場など繊維《せんい》関係の工場では主要な労働力は女性たちだったが、なかでも読み書きや裁縫などを学べる夜間学校を併設《へいせつ》した工場が人気となっていった。時代が進むにつれ、女子が自立するために職業教育の必要性が訴《うった》えられるようになっていく。

コラム18

日本初の女子大学

1901 年、日本で初めての組織的な女子高等教育機関として日本女子大学校が開校した。女子教育の開拓者《かいたくしゃ》として知られる成瀬《なるせ》仁蔵《じんぞう》が創設者となり、早稲田《わせだ》大学の創立者である大隈重信《おうくましげのぶ》が創立委員長となった。初代総理大臣・伊藤博文《いとうひろふみ》や実業家・渋沢栄一《しぶさわえいいち》らが支援《しえん》し、広岡浅子《ひろおかあさこ》の実家・三井家《みついけ》から寄付された目白《めじろ》(東京都)の土地に建てられ、開校時は 200 人以上が入学した。

❖ 3 つの建学の精神

日本女子大学校は 3 つの精神をもとに建学された。

・女子を人として教育すること

・女子を婦人として教育すること

・女子を国民として教育すること

（日本女子大学ホームページより引用）

当時は女性の社会的地位が低く、女子に学問など不要という時代である。女子が卒業後に就《つ》ける職業も少なかった。そんな中、女子の自立を志したこの教育理念は画期的《かっきてき》なものであった。

❖認可《にんか》までの道のり

「大学校」と名称に入ってはいたが、当初は大学令による旧制大学としては認可されず、女子専門学校だった。戦後の 1947 年に学校教育法が制定されたさい、最初の新制大学の 1 つとして認可された。

男女平等を訴《うった》えた日本のフェミニスト

明治

岸田俊子

（きしだとしこ）

生没年　1863年▼1901年

人物紹介

民権運動家、評論家、小説家。特に女性の権利について活動を行った日本のフェミニストの先駆者《せんくしゃ》として有名である。執筆《しっぴつ》するさいのペンネームは「湘烟《しょうえん》」。

おい立ち

1863年

京都の商家に誕生。

1870年

小学校に第一特待生として入学。その後、京都府中学に官費《かんぴ》（国のお金）で入学したほど優秀《ゆうしゅう》だった。

1877年

女子師範《しはん》学校を病気のため退学。

1879年ごろ

宮中に出仕。皇后《こうごう》に漢文の講義を行った。

1881年

宮中より退官。

1882年

自由民権運動に加わり、女性の権利について各地で演説する。

1884年

政治家・中島信行《のぶゆき》と結婚《けっこん》。東京に移住する。

1892年

イタリアに赴任《ふにん》する夫に同行するが、病で帰国。

1899年

信行が死去。

1901年

肺結核《はいけっかく》で死去。

ここがポイント！用語解説

自由民権運動

1874年に政治家・板垣退助《いたがきたいすけ》らが中心となって政府に提出した「民撰議《みんせんぎ》院《いん》設立の建白書《けんぱくしょ》」から始まった、国民の政治参加を求める運動。もとは西洋から入ってきた考え方。

エピソード

女子の袴《はかま》が禁止された時代

俊子がまだ幼い1872年、女学校の制服として袴の着用が認められた。しかし女子が男子の正装と同じ袴を身につけることに非難が殺到《さっとう》し、結局禁止されてしまうのである。袴だけでなく、漢学や洋学などの男子と同じ教育を受けることにも非難が集まった時代だった。

講演会で逮捕《たいほ》される

あるとき講演の内容が「政治的演説をしてはいけない」という条例に違反《いはん》したとして逮捕された。俊子は否定しているが、のちに有罪（罰金《ばっきん》）になっている。どれほど激しい内容の演説をしたのだろうか。その内容や俊子の本意については長年研究されている。

男のように書く

俊子は自分を「余《よ》」（男性が使う呼び名）と書き、漢文訓読体《くんどくたい》という漢字とカタカナ交じりの文章を書くことが多かった。男性と同じ書き方をすることで、男女をわける必要はないという態度《たいど》を取ったのである。男女の性質は異なるのだから自然に特徴《とくちょう》は出るだろうと述べている。

小説家として

俊子の小説家としての評価はあまり高くない。内容や文体そのものに「男らしさ」「女らしさ」の明確《めいかく》な差があった当時、俊子の文章は中立《ちゅうりつ》的過ぎた。そのため文《ぶん》壇《だん》ではあまり評価されなかった。

明治

アメリカで学び女性の自立を訴《うった》えた教育者

津田梅子（つだうめこ）

生没年　1864年▼1929年

人物紹介

幼くして留学《りゅうがく》し、10年以上をアメリカで過ごした。帰国後は男尊女卑《だんそんじょひ》が根強い日本の風潮《ふうちょう》にも苦しみ、生涯独身《しょうがいどくしん》だった。アメリカのように自立した女性の教育を志した。

おい立ち

1864年

学者の娘として江戸《えど》で誕生。名はむめ。

1871年

アメリカに留学する。

1873年

キリスト教の洗礼を受ける。

1882年

帰国して英語教師などをする。

1889年

再度アメリカに留学。生物学と教育学を学ぶ。

1892年

帰国。

1900年

女子英学塾《えいがくじゅく》（のちの津田塾《うだじゅく》大学）を創立《そうりつ》。

1902年

「梅子」と漢字表記に改名。

1929年

死去。

ここがポイント！ 用語解説

岩倉《いわくら》使節団

1871年から欧米12か国を訪問した使節団。特命全権大使が右大臣《うだいじん》岩倉具視《ともみ》だったため、この名がついた。伊藤博文《いとうひろぶみ》ら明治政府の実力者がメンバーに加わり、欧米《おうべい》諸国の制度などを調査した。条約改正の予備交渉《こうしょう》の目的もあったが、これには失敗した。そのほか42名の留学生も同行し、各国に留学した。梅子ら女子留学生も、そのメンバーの一員である。

エピソード

アメリカへの留学

梅子は父親の方針《ほうしん》で、明治政府がアメリカに派遣《はけん》した女子留学生の最年少メンバーになった。日本人同士が一緒《いっしょ》だと英語が身につかないという理由から、留学生たちは別々の家にホームステイした。

日本語を忘れる

幼いころから10年もアメリカ生活をし、その間まったく日本語を話す機会がなかった。帰国した梅子は日本語をすっかり忘れてしまい、日本語を学び直した。

日本での生活に苦労する

帰国後の日本では女性が社会で活躍《かつやく》できる場が少なく、教養は抜群《ばつぐん》なのに働き口がなかった。帰国後3年たって英語教師になるも、日本語が下手であるために「教える」ことに苦労した。

生涯独身宣言

梅子にも当然縁談《えんだん》が持ち込《こ》まれたが、男尊女卑の傾向《けいこう》の強い日本の男性とは結婚できないと、すべて断る。梅子は生涯独身を宣言していた。

「自主独立」の精神を教える

2度目の留学で教授法を学んだ梅子の授業は、帰国後、格段《かくだん》に評判がよくなった。しかし梅子はそれ以上に、アメリカ人女性のような自立した精神を教えたいと願っていた。そして女学校教授の職を自ら捨て、女子英学塾を開設した。

明治

樋口一葉

（ひぐちいちよう）

生没年　1872年▼1896年

家族のためにペンを執《と》った職業作家

人物紹介

歌人、小説家。本名は奈津《なつ》（なつ、夏子《なつこ》とも）。家計のために小説を書く。女性ならではの感性で描《えが》かれた小説が高く評価されている。5000円札の肖像《しょうぞう》としても有名。

おい立ち

1872年

東京で誕生。父は明治《めいじ》政府の役人だった。

1883年

小学校の高等科第四級を首席《しゅせき》で修《しゅう》了《りょう》するも、退学。

1886年

萩《はぎ》の舎塾《やじゅく》に入門。和歌や古典について学び、歌人を志す。

1888年

一家の主《あるじ》となる。生活のために小説執筆《しっぴつ》を思い立つ。

1891年

小説家・半井桃水《なからいとうすい》に師事《しじ》するも、のちに離《はな》れる。

1891年

『うもれ木』を雑誌『都の花』に掲載《けいさい》。注目を浴《あ》びる。

1893年

雑貨店を開く。

1894年

『大《おお》つごもり』を発表。こののち1年半の間に『たけくらべ』、『にごりえ』など多数の作品を発表。

1896年

死去。

おすすめの関連作品！

小説 **『たけくらべ』**

樋口一葉 作

1895年から雑誌『文学界』に連載《けいさい》された。吉原《よしはら》（遊郭街《ゆうかくがい》）を舞台に、東京で生きる子どもたちの生活を描《えが》いた作品。森鷗外《もりおうがい》ら文豪《ぶんごう》も絶賛した。

エピソード

母の意見で進級を断念

一葉は幼いころから本を読みあさり、そのため目が悪かったという。小学校でも優秀《ゆうしゅう》な成績だったが、母が「女子に教育は必要ない」という人だったため、進級せずに退学した。とはいえ女子教育の発《はっ》達《たつ》していない当時としては、決して低学歴ではなかった。

私塾《しじゅく》「萩の舎」

当時歌人として有名だった中島歌子《なかじまうたこ》の私塾・萩の舎に入塾する。萩の舎は中流・上流社会の子女が集まる場所だった。一葉はここで和歌や古典を学び、歌人を志すようになる。

17歳で一家の大黒柱《だいこくばしら》に

父が事業に失敗し、その後死去したために、一葉は17歳で一家の家計を背負《せお》うことになる。そんな中、萩の舎の姉弟子《あねでし》が小説で多額の原稿料《げんこうりょう》を手にした話を聞き、家計のために小説家になることを思い立つ。

奇跡《きせき》の1年半

1894年から一葉は次々に作品を発表した。一葉の主要作品のほとんどはこのころ書かれたといってもよい。小説家として有名になり、一葉の家にはほかの小説家たちも訪れた。そんな中、一葉は24歳の若さで亡くなる。そのため作家としての作品は多くはなく、早すぎる死が惜《お》しまれた。

女性の凛《りん》とした美しさを追求《ついきゅう》した日本画家

明治〜昭和

上村松園

（うえむらしょうえん）

生没年　1875年▼1949年

人物紹介

美人画を描《えが》き続けた日本画家。古典や歴史からの題材が多い。細部《さいぶ》まで手を抜《ぬ》かず、時代考《じだいこう》証《しょう》的にも正しい絵をち密《みつ》に描いた。研究熱心なことでも知られ、多くの画帳が残る。

おい立ち

1875年
京都にて誕生。本名は津禰《つね》。

1887年
京都府画学校（のちの京都市立芸術大学）に入学。

1890年
第３回内国勧業博覧会《ないこくかんぎょうはくらんかい》に「四季美人図」を出展《しゅってん》。

1902年
長男を出産。未婚《みこん》の母となる。

1934年
母が死去。

1941年
帝国《ていこく》芸術院会員となる。

1948年
女性初の文化勲章《くんしょう》受章。

1949年
死去。

おすすめの関連作品！

画集　**『上村松園画集』**

平野重光 監修／青幻舎

全国に散らばる松園の絵を取材し、美人画約66点、素描《そびょう》・下絵約30点を掲載《けいさい》した画集。

自伝　**『上村松園全随筆《ずいひつ》集 青眉抄・青眉抄その後』**

上村松園 作／求龍堂

本人による随筆集。美人画にかけた人生を、本人の言葉から知ることができる。本書は2010年の復刻版だが、松園の随筆は青空文庫や各種電子書籍などでも読むことができる。

エピソード

絵が大好き

絵を描くのが昔から好きで、お手伝いのご褒美《ほうび》に絵を買ってもらうのが楽しみだった。また子どものころから髪《かみ》を結《ゆ》うのも好きで、近所の子どもたちで髪型《かみがた》の研究もした。

人物画を学びたい

当時は女性が絵を習うというのは一般的ではなく周囲からの反対もあったが、それでも絵の学校に入学した。母の協力が大きかったようだ。そのころの京都では花鳥風月《かちょうふうげつ》の絵が全盛期《ぜんせいき》で、参考になる人物画があまりなかったという。それでも人物画を志す松園は参考になる作品を探して博物館や寺社仏閣《じしゃぶっかく》を尋《たず》ね歩き、祇園《ぎおん》祭《まつり》のさいに披露《ひろう》される屏風《びょうぶ》などを熱心に描《か》き写した。

天才少女

15歳のとき、博覧会に出品した「四季美人図」をイギリス皇太子が購入《こうにゅう》したことで天才少女と呼ばれ話題となる。古典文学なども学び、歴史や芸能などからも題材《だいざい》をとった美人画を次々に発表した。

才能を嫉妬《しっと》される

作品が評価されるようになると、塾生《じゅくせい》たちに嫉妬から嫌《いや》がらせをされるようになった。特に女性の社会進出に消極的な時代である。物を隠《かく》されたり、展覧会に出した絵を汚《よご》されたりした。こういった悔《くや》しい思いも、松園は絵にぶつけた。

女性の恋愛を詠《よ》み、近代短歌の世界を開いた女流歌人

人物紹介

歌人、作家、評論家と、活動は多岐《たき》にわたる。これまで描《えが》かれてこなかった女性の恋愛を情熱《じょうねつ》的に歌い、日本を代表する歌人の１人となる。女性教育にも力を注いだ。

明治〜昭和

与謝野晶子

（よさのあきこ）

生没年　１８７８年▼１９４２年

おい立ち

1878 年

大阪で誕生。本名はしょう。

1899 年

関西青年文学会に参加。詩歌を発表する。

1900 年

歌人・与謝野鉄幹《てっかん》の東京新詩《しんし》社に参加。雑誌『明星《みょうじょう》』に短歌を掲載《けいさい》。たちまち評価される。

1901 年

上京。鉄幹の離婚《りこん》が成立し、後妻となる。『みだれ髪《がみ》』を発表。

1902 年

長男を出産。

1904 年

日露《にちろ》戦争。

1912 年

留学中の鉄幹を追ってヨーロッパに渡《わた》る。

1921 年

文化学院創立に参加。古典文学の講義をする。

1935 年

鉄幹が死去。

1942 年

死去。

おすすめの関連作品！

詩集 『みだれ髪』

与謝野晶子 作

晶子の第１歌集。大胆《だいたん》な恋愛賛美、奔放《ほんぽう》な官能を表現した。貞淑《ていしゅく》さを求められる当時の女性には驚《おどろ》くべきことで、歌壇《かだん》に新しい風を吹かせた。

エピソード

情熱的な恋の歌

女性の恋愛について赤裸々《せきらら》な心情を詠んだ歌集『みだれ髪』が有名だが、これは当時賛否両論《さんぴりょうろん》を巻き起こした。

子だくさんで苦労する

鉄幹との間にはじつに 11 人の子をもうけた。しかし鉄幹の仕事がうまくいかず、晶子は生活のために必死にペンを執《と》った。短歌だけでなく評論、小説、童話など仕事内容は多彩《たさい》だった。

「君死にたまふことなかれ」

日露戦争に従軍《じゅうぐん》した弟を題材にし、戦争を批判《ひはん》する詩を発表。戦争を支持《しじ》する空気の中でこの作品は危険思想と非難されるも、世間の注目を集めた。

女性の自由な教育を訴《うった》える

晶子は「女性の自立は経済力を自ら獲得《かくとく》するものであり、保護に頼《たよ》るべきではない」と述べている。女性の自立や文化的向上に貢献《こうけん》するため、文化学院創立にかかわり、自らも教鞭《きょうべん》をとった。

夫の棺《ひつぎ》に入るべきは私

鉄幹が亡くなったとき、子どもたちは棺に夫が愛用した筆や硯《すずり》を入れた。それを見て晶子は「名乗り出られなかったけれど、本当に棺に入るべきは私なのよ。夫が１番愛したのは私だったのだから」という意味の歌を残している。深い愛情で結ばれた夫婦だったようだ。

大正

松井須磨子（まついすまこ）

生没年　1886年▼1919年

ドラマティックな人生を送った日本初の歌う女優

人物紹介

女優。女優としての成功、2度の結婚《けっこん》と不倫《ふりん》、そして後追《あとお》い自殺という波乱《はらん》な人生を送った。その激動《げきどう》の生涯《しょうがい》は後世《こうせい》、ドラマや小説などの題《だい》材《ざい》に多く取り上げられている。

おい立ち

1886 年

長野県で誕生。本名は小林正子《こばやしまさこ》。

1902 年

上京。裁縫《さいほう》学校に入る。

1903 年

結婚するも、1 年で離婚《りこん》。このころから女優を志す。

1908 年

東京俳優学校の教員・前沢誠助《まえざわせいすけ》と結婚。

1909 年

文芸協会演劇研究所に入所。

1910 年

離婚。女優に専念する。

1911 年

『ハムレット』のオフィーリア役を演じる。

1913 年

演出家・島村抱月《しまむらほうげつ》とともに芸術座を結成《けっせい》。

1914 年

映画『復活』に出演。劇中歌を歌い大ヒットする。

1919 年

抱月が急死。その 2 か月後に自殺した。

ここがポイント！ 用語解説

大衆《たいしゅう》文化

大正時代から文化や情報を伝える新聞・週刊誌・ラジオ（1925 年に放送開始）などのメディアが発達し、大衆小説や映画、歌謡曲《かようきょく》などが広く人々の娯楽《ごらく》となった。

エピソード

日本初の整形美人女優

須磨子は鼻が低いことを理由に俳優養成《ようせい》学校の入所を断られたことがあった。このため、当時の最新技術で鼻を高くする整形手術を受けた。これによって念願《ねんがん》の女優になるが、後遺症《こういしょう》に苦しめられることにもなった。

女優になるため、家庭を顧《かえり》みず

2 度目の結婚後に俳優の研究所生となり、須磨子は家事をおろそかにするようになっていく。そのためこの結婚も長続きしなかった。

島村抱月との恋

女優としての地位を確実なものとしていく須磨子だったが、既婚者《きこんしゃ》だった島村抱月と恋仲になる。それがスキャンダルとなり、当時所属《しょぞく》していた文芸協会から退学となってしまった。抱月も協会を離《はな》れた。こののち 2 人で新たに芸術座を起こし、さらなる活躍《かつやく》に向かっていく。

後を追って自殺

抱月とともに立ち上げた芸術座が映画会社と手を結び、経営も安定し始めた矢先、抱月がスペイン風邪《かぜ》（インフルエンザ）にかかって急死してしまった。須磨子は芸術座の公演を続けたが、わずか 2 か月後に抱月の後を追って自殺した。遺《ゆい》言《ごん》では抱月とともに埋葬《まいそう》されたいと願っていたがそれはかなわず、長野の実家の墓に納骨《のうこつ》された。

大正〜昭和

平塚らいてう（ひらつからいちょう）

生没年　1886年▼1971年

新しい女性の生き方を訴《うった》えた活動家

人物紹介

思想家、評論家、フェミニスト。女性の権利のために積極的に活動を続けた。心中《しんじゅう》事件を起こし、事実婚《じじつこん》生活をするなど、当時の女性としてはかなり大胆《だいたん》な生き方をした。

おい立ち

1886年
東京で誕生。本名は明《はる》。

1898年
お茶の水女学校に入学。

1903年
日本女子大学校の英文科を志望するが、父の反対で家政《かせい》科に入学。

1908年
心中事件を起こす。

1911年
婦人文学誌『青鞜《せいとう》』を発刊。

1914年
画家志望の青年・奥村博史《おくむらひろし》と同棲《どうせい》を始める。

1920年
新婦人協会を結成。

1953年
日本婦人団体連合会を結成、初代会長に就任《しゅうにん》。

1971年
死去。

おすすめの関連作品！

マンガ **『はいからさんが通る』**
大和和紀 作／講談社
大正時代の少女の恋愛模様《もよう》を描《えが》いたラブコメディ。

ここがポイント！用語解説

大正デモクラシー
日露《にちろ》戦争（1904年～1905年）後から大正末期にかけてあらゆる方面で現れた民主主義的風潮《ふうちょう》。

エピソード

不良グループ？
貴族の子女もいる女学校での生活は、らいてうにとってあまり楽しいものではなかったようだ。授業はつまらないし、行《ぎょう》儀作法《ぎさほう》の厳しさは別格、しかも父が英語の授業を受けることを許さず、その時間は外へ出て裁縫《さいほう》をしていたという。この抑圧《よくあつ》されたともいえる5年間の生活の中で、らいてうは友達と「海賊組《かいぞくぐみ》」を作り、授業をサボって息抜《ぬ》きしていたという。

『元始《げんし》、女性は太陽であった』
雑誌『青鞜』を発刊し、女性の権利問題について訴えた。男女の関係を月と太陽にたとえ、これまで月のような存在だった女性たちに、自ら光り輝《かがや》く存在になるよう訴えた。これまでのつつましく男性の陰《かげ》に隠れるような生き方ではなく、大胆な生き方をする青鞜社員は侮蔑的《ぶべつてき》に「新しい女」と呼ばれて非難された。

結婚《けっこん》にとらわれない
らいてうは年下の愛人と同棲し、2人の子をもうけている。現代でいう事実婚で、籍《せき》は入れていなかった。それまでの結婚制度にとらわれず、「新しい女」としての生き方を体現していた。

母性保護論争
与謝野晶子《よさのあきこ》が雑誌『婦人公論《ふじんこうろん》』に発表した論文に対してらいてうが反論し、それにほかの女性たちも加わって大きな論争となり、社会現象となった。

女性の権利を主張し続けた参《さん》議《ぎ》院《いん》議員

大正〜昭和

市川房枝

（いちかわふさえ）

生没年　1893年▼1981年

人物紹介

婦人運動家、政治家。教員や記者を経て上京。平塚《ひらつか》らいてうとともに婦人運動を行った。のちにらいてうとは別れたが活動は続け、その後、参議院議員となった。

おい立ち

1893年

愛知県の農家に誕生。

1913年

愛知女子師範《しはん》学校を卒業。小学校教《きょう》諭《ゆ》をする。

1917年

名古屋新聞の記者となる。

1918年

新聞社を辞《や》めて上京。

1920年

平塚らいてうと新婦人協会を結成。

1921年

新婦人協会役員を辞任。渡米《とべい》。

1924年

帰国。女性参政権を求める運動を始める。

1925年

男子普通《ふつう》選挙が成立。

1945年

戦後初の婦人団体・新日本婦人同盟を結成、会長に就任。

1953年

参議院議員となる。

1981年

死去。

ここがポイント！ **用語解説**

女性運動

女性に対するあらゆる面での差別をなくすための運動。もとは「婦人活動」と呼ばれていたが「婦人」には既《き》婚者《こんしゃ》など一部の女性に限定する意味があり、1980年代以降は「女性運動」ということが多くなった。

エピソード

癇癪《かんしゃく》持ちの父

母は父に時折《ときおり》暴力《ぼうりょく》を振《ふ》るわれていたが、明治という時代で妻が弱い立場になるのは決して珍《めずら》しくなかった。母は耐《た》え忍《しの》んでいたが、房枝は疑問に思った。これがその後の活動にもつながっていく。

教育パパ

癇癪を起こすこともある父だったが、普《ふ》段《だん》はまじめだった。しかも自分は学問をしなかったからしかたなく百姓《ひゃくしょう》をしていると、子どもの教育費用は惜《お》しまなかった。「女らしく」ということもなく、典型的な亭主関白《ていしゅかんぱく》の顔と、当時としては先進的な教育パパの顔をあわせ持っていた。

アメリカ留学を志す

小説などから、房枝はアメリカにあこがれを持っていた。兄もアメリカで仕事をしていて、両親も反対しなかった。14歳のとき、房枝は村役場に渡米願《とべいねがい》を提出した。しかしこのとき、保護者同伴《どうはん》なしでの渡米は許可されなかった。

平塚らいてうとの出会い

上京した房枝は、知人の紹介で平塚らいてうと出会う。そしてともに新婦人協会を設立することになる。らいてうはアイデアマンではあったが、実現に向けての計画性がない部分があった。こうして房枝が実務《じつむ》と経理《けいり》を担当することになった。しかしその後も苦労は絶《た》えず、のちにらいてうから離《はな》れている。

コラム19 日本における女性の参政権《さんせいけん》

女性の地位向上を訴《うった》える運動は19世紀に始まり、男性と平等な権利を得るためには女性の参政権獲得《かくとく》が大きな課題となっていた。明治《めいじ》時代の1880年、高知県で家長である女性に限り特別に選挙権を認める例もあったが、まだまだ女性に参政権は認められていなかった。

❖男子普通選挙が実現

平塚《ひらつか》らいてうや市川房枝《いちかわふさえ》が1920年に新婦人協会を結成し、性別選挙撤廃《てっぱい》へ向けて活動していたが、男性にすら選挙資格に税金を2円以上納めていることなどの制限のある状態だった。男子普通《ふつう》選挙法案が成立したのは1925年のことだった。

❖勢いが増す女性運動

男子普通選挙法案成立の翌年、女性の参政権などを求める案が衆議院《しゅうぎいん》に提出された。当日は国会議事堂には多くの女性が詰《つ》めかけた。新聞も「婦人デー」として注目した。これ以後、女性運動はますます活発になる。

❖戦後に女性初の議員《ぎいん》誕生

女性運動は活発化したが、第二次世界大戦以前に婦人参政権が実現することはついになかった。初めて婦人の参政権が行使《こうし》されたのは1946年のことである。そうして日本初の女性議員39名が誕生したのだった。

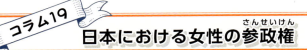

『ちゃんと知りたい　歴史に輝く女性たち』参考文献一覧

『国史大辞典』（吉川弘文館）

『日本大百科全書』（小学館）

『世界大百科事典』（平凡社）

『俾弥呼　鬼道に事え、見る有る者少なし』（ミネルヴァ書房）／古田武彦 著

『卑弥呼と台与　倭国の女王たち』（山川出版社）／仁藤敦史 著

『もういちど読む山川日本史』（山川出版社）／五味文彦・鳥海靖 編

『卑弥呼誕生　彼女は本当に女王だったのか？　改訂新版』（洋泉社）／遠山美都男 著

『八人の女帝』（大明堂）／高木きよ子 著

『聖徳太子』（吉川弘文館）／坂本太郎 著

『女帝推古と聖徳太子』（光文社）／中村修也 著

『古代女帝のすべて』（新人物往来社）／武光誠 編

『聖徳太子事典』（柏書房）／石田尚豊 編集代表

『天皇家全系図』（河出書房新社）／米田雄介 監修・井筒清次 編著

『持統天皇』（吉川弘文館）／直木孝次郎 著

『元明天皇・元正天皇　まさに今、都邑を建つべし』（ミネルヴァ書房）／渡部育子 著

『光明皇后 平城京にかけた夢と祈り』（中央公論新社）／瀧浪貞子 著

『最後の女帝　孝謙天皇』（吉川弘文館）／瀧浪貞子 著

『孝謙・称徳天皇　出家しても政を行ふに豈障らず』（ミネルヴァ書房）／勝浦令子 著

『明説日本文学史』（尚文出版）／全国高等学校国語教育研究連合会 編著

『小野小町追跡　「小町集」による小町説話の研究 新装版』（笠間書院）／片桐洋一 著

『蜻蛉日記新考　兼家妻として「書く」ということ』（武蔵野書院）／斎藤菜穂子 著

『新日本古典文学大系 24』（岩波書店）／佐竹昭広ほか 編

『京都の女性史』（思文閣出版）／京都橘女子大学女性歴史文化研究所 編

『清少納言と紫式部　和漢混淆の時代の宮の女房』（山川出版社）／丸山裕美子 著

『清少納言』（吉川弘文館）／岸上慎二 著

『和泉式部』（吉川弘文館）／山中裕 著

『和泉式部　和歌と生活』（笠間書院）／伊藤博 著

『紫式部と平安の都』（吉川弘文館）／倉本一宏 著

『評伝　紫式部　世俗執着と出家願望』（和泉書院）／増田繁夫 著

『紫式部日記』（笠間書院）／小谷野純一 訳・注

『更級日記の新世界』（武蔵野書院）／福家俊幸 著

『更級日記全注釈』（KADOKAWA（角川学芸出版））／福家俊幸・和田律子・久下裕利 編

『菅原孝標女　更級日記作者』（新典社）／津本信博 著

『平家物語の女たち 大力・尼・白拍子』（吉川弘文館）／細川涼一 著

『「平家物語」の時代を生きた女性たち』（小径社）／服藤早苗 編著

『北条政子　母が嘆きは浅からぬことに候』（ミネルヴァ書房）／関幸彦 著

『日野富子 闘う女の肖像』（中央公論社）／吉村貞司 著

『日野富子のすべて』（新人物往来社）／吉見周子 著
『応仁の乱　戦国時代を生んだ大乱』（中央公論新社）／呉座勇一 著
『足利義政と日野富子　夫婦で担った室町将軍家』（山川出版社）／田端泰子 著
『日野富子とその時代』（新人物往来社）／青木重數 著
『戦国の女性たち　16 人の波乱の人生』（河出書房新社）／小和田哲男 著
『北政所と淀殿 豊臣家を守ろうとした妻たち』（吉川弘文館）／小和田哲男 著
『徳川家康　われ一人腹を切て、万民を助くべし』（ミネルヴァ書房）／笠谷和比古 著
『徳川家康伝　その軍略と治政』（明文出版社）／神谷昌志 著
『徳川家康　その政治と文化・芸能　徳川家康没後四百年記念論文集』（宮帯出版社）／笠谷和比古 編
『前田家三代の女性たち　國學院大學石川県文化講演会の記録』（北國新聞社）
二木謙一 監修・國學院大學石川県文化講演会実行委員会 編
『細川ガラシャ　散りぬべき時知りてこそ』（ミネルヴァ書房）／田端泰子 著
『淀君』（吉川弘文館）／桑田忠親 著
『淀殿　われ太閤の妻となりて』（ミネルヴァ書房）／福田千鶴 著
『出雲のおくに　その時代と芸能』（中央公論社）／小笠原恭子 著
『春日局　今日は火宅を遁れぬるかな』（ミネルヴァ書房）／福田千鶴 著
『図説古代エジプト人物列伝』（悠書館）／トビー・ウィルキンソン 著・内田杉彦 訳
『古代エジプト女王・王妃歴代誌』（創元社）／ジョイス・ティルディスレイ 著
吉村作治 監修・月森左知 訳
『古代エジプトファラオ歴代誌』（創元社）／ピーター・クレイトン 著
吉村作治 監修・藤沢邦子 訳
『クレオパトラ』（白水社）／クリスティアン＝ジョルジュ・シュエンツェル 著・北野徹 訳
『世界の悪女・妖女事典　歴史を手玉にとった魔性の女たち』（東京堂出版）／中江克己著
『男装の科学者たち　ヒュパティアからマリー・キュリーへ』（北海道大学図書刊行会）
マーガレット・アーリク 著・上平初穂・上平恒・荒川泓 訳
『アレクサンドリアの興亡　現代社会の知と科学技術はここから始まった』（主婦の友社）
ジャスティン・ポラード・ハワード・リード 著・藤井留美 訳
『新もういちど読む山川世界史』（山川出版社）／「世界の歴史」編集委員会 編
『ムガル皇帝歴代誌　インド、イラン、中央アジアのイスラーム諸王国の興亡』（創元社）
フランシス・ロビンソン 著・小名康之 監修・月森左知 訳
『インドの「奴隷王朝」　中世イスラム王権の成立』（未来社）／荒松雄 著
『英仏百年戦争』（集英社）／佐藤賢一 著
『スペインの女性群像　その生の軌跡』（行路社）／高橋博幸・藤隆浩 編
『図説ルネサンスに生きた女性たち』（河出書房新社）／佐藤幸三 著
『名画が愛した女たち　画家とモデルの物語』（集英社）／木島俊介 著
『王妃たちの最期の日々 上』（原書房）／ジャン＝クリストフ・ビュイッソン・ジャン・セヴィリア 編
神田順子・土居佳代子・谷口きみ子 訳
『王妃たちの最期の日々 下』（原書房）／ジャン＝クリストフ・ビュイッソン・ジャン・セヴィリア 編
神田順子・土居佳代子・山川洋子 訳

『フランス王妃列伝　アンヌ・ド・ブルターニュからマリー＝アントワネットまで』（昭和堂）
阿河雄二郎・嶋中博章 編
『これだけは知っておきたいキリスト教史』（教文館）／J. ゴンサレス 著・金丸英子 訳
『集英社ギャラリー［世界の文学］6　フランスⅠ』（集英社）
『ロシア皇帝歴代誌』（創元社）／デヴィッド・ウォーンズ 著・栗生沢猛夫 監修・月森左知 訳
『ロシア・ロマノフ王朝の大地』（講談社）／土肥恒之 著
『王妃マリー・アントワネット』（新人物往来社）／新人物往来社 編
『王妃マリー・アントワネット』（創元社）／エヴリーヌ・ルヴェ 著・塚本哲也 監修・遠藤ゆかり 訳
『フランス女性の世紀　啓蒙と革命を通して見た第二の性』（世界思想社）／植田祐次 編
『フランスを目覚めさせた女性たち　フランス女はめげない！社会を変革した 26 人の物語』
（パト・ウィメンズ・オフィス）／ジャン＝ルイ・ドブレ・ヴァレリー・ボシュネク 著
西尾治子・松田祐子・吉川佳英子・佐藤浩子・田戸カンナ・岡部杏子・津田奈菜絵 訳
『女の人権宣言――フランス革命とオランプ・ドゥ・グージュの生涯』（岩波書店）
オリヴィエ・ブラン 著・辻村みよ子 訳
『図説ヴィクトリア女王の生涯 王宮儀式から愛の行方まで』（河出書房新社）／村上リコ 著
『歴史をつくる女たち 5　世紀末の愛と炎』（集英社）／木村尚三郎ほか 編集
『エリザベート　美と旅に生きた彷徨の皇妃』（新人物往来社）／森実与子 著
『皇妃エリザベート　永遠の美』（世界文化社）／南川三治郎 写真・文
『マリー・キュリー　新しい自然の力の発見』（大月書店）／ナオミ・パサコフ 著・西田美緒子 訳
『年譜で読むヘレン・ケラー　ひとりのアメリカ女性の生涯』（明石書店）／山崎邦夫 編著
『レイチェル・カーソン　その生涯』（かもがわ出版）／上遠恵子 編
『レイチェル＝カーソン』（清水書院）／太田哲男 著
『アンネ・フランク　その 15 年の生涯』（合同出版）／黒川万千代 著
『永遠のアンネ・フランク』（集英社）／マティアス・ハイル 著・松本みどり 訳
『天璋院篤姫と和宮　最後の大奥』（幻冬舎）／鈴木由紀子 著
『天璋院篤姫　徳川家を護った将軍御台所』（新人物往来社）／徳永和喜 著
『和宮　後世まで清き名を残したく候』（ミネルヴァ書房）／辻ミチ子 著
『新島八重　愛と闘いの生涯』（KADOKAWA（角川学芸出版））／吉海直人 著
『広岡浅子　新時代を拓いた夢と情熱』（KADOKAWA（中経出版））／『歴史読本』編集部 編
『近代日本を創った 7 人の女性』（PHP 研究所）／長尾剛 著
『自由民権家　中島信行と岸田敏子　自由への戦い』（明石書店）／横澤清子 著
『津田梅子』（清水書院）／古木宜志子 著
『上村松園画集　日本の名画全集 vol.1』（五十鈴出版）／日本の名画全集編集部 著
『歴史を読み替えるジェンダーから見た日本史』（大月書店）／久留島典子・長野ひろ子・長志珠絵 編
『日記に読む近代日本史　2 明治後期』（吉川弘文館）／千葉功 編
『良妻賢母主義から外れた人々　湘煙・らいてう・漱石』（みすず書房）／関口すみ子 著
『信州人物風土記・近代を拓く 第 1 巻　松井須磨子　パッション炎のごとく』（銀河書房）／宮坂勝彦 編
『市川房枝　女性解放運動から社会変革へ』（筑摩書房）／筑摩書房編集部 著

編著：榎本 秋（えのもとあき）

1977年東京生まれ。文芸評論家。歴史解説書や新書、評論や解説などを数多く手がける。著作は「合戦地図で読み解く戦国時代」(SBビジュアル新書)、「世界を見た幕臣たち」(洋泉社)、「日本坊主列伝」（徳間文庫）など多数。また、福原俊彦名義で時代小説も執筆している。

著：榎本事務所

作家事務所。歴史関連書、小説、創作支援本などの執筆と制作を行っている。

イラストレーター：幸原 ゆゆ（こうはら ゆゆ）

『マンガキャラの髪型資料集』（廣済堂出版）、『異世界創作事典』シリーズ（秀和システム）等で書籍イラストを手掛ける。『初音ミクぐらふぃコレクションなぞの音楽すい星』イラストなど、ソーシャルゲーム・書籍を中心に活動中。可愛いものが好き。

構　　成：粟江都萌子（榎本事務所）
編集協力：鳥居彩音・槙尾慶祐（ともに榎本事務所）
表紙・本文デザイン：菅沼由香里（榎本事務所）

ちゃんと知《し》りたい
歴史《れきし》に輝《かがや》く女性《じょせい》たち

2019年7月22日　初版発行

編著者　榎本《えのもと》 秋《あき》
著　者　榎本事務所《えのもとじむしょ》

発行者　野村久一郎
発行所　株式会社 清水書院
〒102-0072
東京都千代田区飯田橋3-11-6
電話　03-(5213)-7151
印刷所　広研印刷 株式会社
製本所　広研印刷 株式会社

定価はカバーに表示

ISBN 978-4-389-50095-5　　Printed in Japan